旅鉄
GUIDE

TABI-TETSU GUIDE | 004

駅近
鉄道撮影地
ガイド

佐々倉 実

天夢人
Temjin

目次

第 1 章　北海道・東北編

宗谷本線・塩狩～和寒…………………　008
宗谷本線・蘭留～塩狩…………………　009
石北本線・中愛別～愛山………………　010
石北本線・遠軽～安国…………………　011
富良野線・上富良野～西中……………　012
富良野線・西中～ラベンダー畑（臨時）012
釧網本線・北浜駅付近…………………　013
釧網本線・茅沼駅付近…………………　014
根室本線・釧路～東釧路………………　015
根室本線・芽室～大成……………016-017
石勝線・新夕張～占冠…………………　018
千歳線・苗穂～白石……………………　019
室蘭本線・黄金～崎守…………　020-021
室蘭本線・北舟岡駅付近………………　022
室蘭本線・小幌駅付近…………………　023
道南いさりび鉄道・釜谷～渡島当別　…024
津軽鉄道・毘沙門駅付近………………　025
津軽鉄道・芦野公園駅付近……………　025
五能線・深浦～広戸……………………　026
五能線・あきた白神～岩館……………　027
八戸線・宿戸～陸中八木………………　028
男鹿線・脇本～羽立……………………　029
秋田内陸縦貫鉄道・萱草～笑内………　030
東北新幹線・二戸～八戸………………　031
東北新幹線・盛岡駅付近………………　031
北上線・ゆだ錦秋湖～ほっとゆだ………　032
釜石線・宮守～柏木平…………………　033
三陸鉄道・白井海岸～堀内……………　033
羽越本線・勝木～府屋…………………　034
山形新幹線・福島～米沢………………　035
仙山線・面白山高原駅付近……………　036
東北本線・大河原～船岡………………　037
磐越西線・川桁～猪苗代………………　038
会津鉄道・湯野上温泉～芦ノ牧温泉南　039
只見線・滝谷～会津桧原………………　040
只見線・会津西方～会津宮下…………　041

COLUMN 1 ………………………………　042

第 2 章　関東編

常磐線・赤塚～偕楽園（臨時）……　044
東武日光線・板荷～下小代…………　045
真岡鐵道・北真岡～西田井…………　045
日光線・今市～日光…………………　046
東武鬼怒川線・大桑～新高徳………　047
烏山線・滝～烏山……………………　048
わたらせ渓谷鐵道・神戸駅付近……　049
関東鉄道常総線・三妻～南石下……　050
東北本線・氏家～蒲須坂……………　051
上信電鉄・佐野のわたし～根小屋…　052
上越線・水上～湯檜曽………………　053
上越新幹線・高崎～上毛高原………　054
北陸新幹線・高崎～安中榛名………　055
八高線・金子～東飯能………………　056
青梅線・二俣尾～軍畑………………　057
秩父鉄道・上長瀞～親鼻……………　057
西武秩父線・芦ヶ久保～横瀬………　058
東武スカイツリーライン・浅草~とうきょうスカイツリー　059
中央本線・東中野～中野……………　059
山手線・大塚～巣鴨…………………　060
京王線・中河原～聖蹟桜ヶ丘………　060
東北新幹線ほか・上野～大宮ほか…　061
小田急小田原線・渋沢～新松田……　062
銚子電鉄・本銚子～笠上黒生………　063
鹿島線・延方～鹿島神宮……………　064
総武本線・物井～佐倉………………　065
いすみ鉄道・新田野～上総東………　066
小湊鐵道・上総大久保駅付近………　066
内房線・上総湊～竹岡………………　067
久留里線・上総清川～東清川………　067
京急久里浜線・堀ノ内駅付近………　068
江ノ島電鉄・江ノ島～腰越…………　068
東海道本線・根府川～真鶴…………　069
御殿場線・山北～谷峨………………　070

第３章　甲信越・北陸編

中央本線・鳥沢～猿橋………………… 072
中央本線・勝沼ぶどう郷～塩山…… 073
富士山麓電気鉄道（富士急行線）・三つ峠～寿 074
小海線・馬流～高岩…………………… 075
アルピコ交通・新村～三溝………… 075
大糸線・信濃森上～白馬大池……… 076
大糸線・中土～北小谷……………… 077
しなの鉄道しなの線・御代田～平原 078
しなの鉄道北しなの線・古間～黒姫 079
長野電鉄・信濃竹原～夜間瀬……… 080
飯山線・横倉～森宮野原…………… 081
信越本線・青海川～鯨波…………… 082
越後線・分水～寺泊………………… 083
弥彦線・弥彦駅付近………………… 083
えちごトキめき鉄道妙高はねうまライン・二本木駅付近…………………… 084
篠ノ井線・姨捨～稲荷山…………… 085
あいの風とやま鉄道・東滑川～魚津 086
富山地方鉄道立山線・千垣～有峰口 087
氷見線・越中国分～雨晴……… 088-089
北陸鉄道石川線・道法寺～井口…… 090
のと鉄道・西岸～能登鹿島………… 091
えちぜん鉄道三国芦原線・三国港駅付近 092
福井鉄道福武線・仁愛女子高校～田原町 092
越美北線・勝原駅付近……………… 093
北陸本線・南今庄～今庄…………… 094

第４章　東海編

伊豆急行・伊豆大川～伊豆北川…… 096
伊豆箱根鉄道駿豆線・三島二日町～大場 097
東海道新幹線・三島～新富士……… 098
東海道本線・富士川～新蒲原……… 099
岳南電車・吉原～ジャトコ前……… 099
身延線・竪堀～入山瀬……………… 100
大井川鐵道大井川本線・大和田～家山 100

大井川鐵道井川線・奥大井湖上駅付近 101
静岡鉄道・入江岡～新清水………… 102
天竜浜名湖鉄道・西鹿島～二俣本町 102
名鉄名古屋本線／飯田線・豊橋～伊奈／下地～小坂井 ………………… 103
飯田線・七久保～伊那本郷………… 104
飯田線・城西～向市場……………… 104
名鉄犬山線・犬山遊園～新鵜沼…… 105
太多線・可児～美濃川合…………… 105
中央本線・大桑～須原……………… 106
高山本線・下呂～禅昌寺…………… 107
長良川鉄道・美並苅安～赤池……… 108
樽見鉄道・谷汲口駅付近…………… 108
三岐鉄道三岐線・三里～丹生川…… 109
三岐鉄道北勢線・楚原～麻生田…… 109
四日市あすなろう鉄道内部線・日永駅付近 110
近鉄志摩線・鳥羽～中之郷………… 111
紀勢本線・新鹿～波田須…………… 112

第5章　関西編

湖西線・近江中庄～マキノ……114
北陸本線・長浜～虎姫……115
小浜線・小浜～勢浜……115
近江鉄道本線・愛知川～五箇荘……116
草津線・三雲～甲西……116
東海道新幹線／東海道本線ほか・京都～米原／京都～山科……117
京阪京津線・びわ湖浜大津駅付近……118
叡山電鉄鞍馬線・貴船口～鞍馬……118
京阪本線・天満橋～京橋……119
近鉄大阪線・安堂～河内国分……120
近鉄吉野線・大和上市～吉野神宮……120
大阪環状線ほか・天王寺駅付近ほか…121
阪和線・杉本町～浅香……122
南海本線・泉大津～忠岡……122
南海高野線・橋本～紀伊清水……123
紀州鉄道・西御坊駅付近……123
紀勢本線・古座～紀伊田原……124
山陽本線・須磨～塩屋……125
北条鉄道・田原～法華口……125
播但線・長谷～生野……126
福知山線・柏原～石生……126
京都丹後鉄道宮舞線・丹後神崎～丹後由良 127
山陰本線・餘部駅付近……128-129
神戸電鉄有馬線・丸山～鵯越……130
神戸電鉄粟生線・三木上の丸～三木…130

第6章　中国・四国編

伯備線・備中川面～方谷……132-133
津山線・建部～福渡……134
赤穂線・大多羅～東岡山……135
智頭急行・上郡～苔縄……135
井原鉄道・早雲の里荏原～井原……136
錦川鉄道・椋野～南桑……136
呉線・安芸幸崎～忠海……137
芸備線・下深川～玖村……138
山陽本線・神代～大畠……139
山口線・長門峡～渡川……140
山陰本線・折居～三保三隅……141
木次線・出雲坂根～三井野原……142
小野田線・長門本山駅付近……142
一畑電車大社線・高浜～遥堪……143
予讃線・大浦駅付近……144
予讃線・伊予大洲～西大洲……145
予讃線・下灘駅付近……146
高徳線・池谷～勝瑞……147
鳴門線・池谷～阿波大谷……148
牟岐線・北河内～日和佐……148
徳島線・阿波加茂～辻……149
高松琴平電鉄琴平線・高松築港～片原町 150
土讃線・小歩危～大歩危……151
土讃線・大歩危駅付近……151
土讃線・安和駅付近……152
土佐くろしお鉄道中村線／予土線・若井～荷稲／若井～家地川……153
予土線・土佐大正～土佐昭和……154
伊予鉄道・大手町駅付近……155

COLUMN 2……156

第７章　九州編

鹿児島本線・門司港駅付近……………158
鹿児島本線・千早～箱崎………………159
西鉄貝塚線・貝塚～名島………………159
日田彦山線・採銅所駅付近……………160
平成筑豊鉄道田川線・崎山～源じいの森161
後藤寺線・船尾～田川後藤寺…………161
西鉄天神大牟田線・西鉄中島～江の浦　162
筑豊本線・折尾～本城…………………163
筑豊電鉄・感田～筑豊直方……………163
松浦鉄道・鷹島口～前浜………………164
松浦鉄道・浦ノ崎駅付近………………164
長崎本線・肥前飯田駅付近……………165
佐世保線・上有田～有田………………165
大村線・千綿駅付近……………………166
西九州新幹線・嬉野温泉～新大村……167
熊本電気鉄道藤崎線・黒髪町～藤崎宮前 167
久大本線・恵良～引治…………………168
久大本線・由布院～南由布……………169
豊肥本線・立野～赤水…………………169
肥薩おれんじ鉄道・薩摩大川～西方…170
日豊本線・杵築～大神…………………170
日豊本線・宮崎～南宮崎………………171
日豊本線・重富～姶良…………………171
日南線・大堂津～南郷…………………172
日南線・内之田～飫肥…………………173
吉都線・鶴丸～京町温泉………………173
指宿枕崎線・瀬々串～平川……………174
指宿枕崎線・大山～西大山……………174

この本の見方

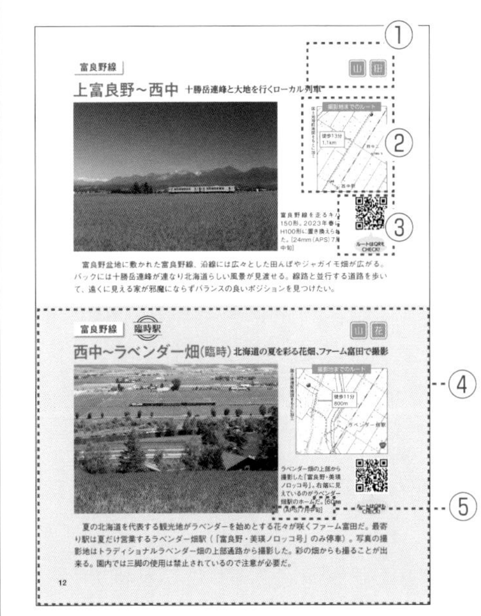

①アイコン
どのような風景を撮影できるか分類しています。

②地図
最寄り駅から撮影地までの距離と所要時間（目安）がわかります。

③QRコード
スマートフォンなどからQRコードを読み取ることで撮影地の地図を表示できます。

④特別な撮影地
臨時駅など一部撮影地は背景を色付けしています。

⑤撮影情報
カッコ内は撮影時期や写真の焦点距離（ズーム倍率）を示しています。

車窓で見た風景を沿線から写真に収める もうひとつの鉄道旅の楽しみ

鉄道での旅の楽しみは、車窓を眺める、おいしいものを食べる、ゆっくりとした時間を楽しむ・・・乗ること自体が旅の目的になるのも楽しいですね。そんな旅に「鉄道絶景を撮る」を加えてはいかがでしょうか？この本では駅からおおむね2Km以内、長くても30分以内で行ける撮影地をご紹介します。旅の計画のとき、天気が良ければ駅周辺の散策がてら美しい鉄道風景を撮影、もしも天気が悪ければ降りずに次の行程へ、そんな気楽な旅のご提案です。乗車と風景をあわせて鉄道旅を楽しんでください。

写真撮影の注意点

鉄道を撮るときに一番大事なことは「安全」です。線路に近づきすぎない、落ちるような危険なところには入らないなどは徹底しましょう。また、撮影地のほとんどは観光地ではない普通の町や山で地元の人以外が出入りすることは少ない場所です。畑に入らない、ごみを捨てないなどのマナーはもちろん、地元の方に会った時には「撮影に来ています。お邪魔します」と挨拶も忘れずに。

変わる撮影地の話

この本ではできるだけ新しい情報で撮影地を選びました。しかし線路の近くに柵ができたり木が伸びたり、季節によって草が邪魔になったりすることも良くあります。また、時代の移り変わりで走って来る車両も変わることがあります。こんな時にもポイント近くで自分なりのアングルを探してみてください。きっと新しいアングルが発見できると思います。

佐々倉 実（ささくら・みのる）

1960年東京都杉並区生まれ。有限会社轍（わだち）代表。小学生から鉄道写真を撮り始め、撮影歴は半世紀を超えた。メーカーでデジタルカメラの開発を担当後、鉄道カメラマンになる。「旅と鉄道」誌で写真担当のほか、おもな著作に「鉄道絶景カレンダー」(山と溪谷社刊)、「60歳からの鉄道写真入門」（天夢人刊）など。映像ではNHK「沁みる夜汽車」の撮影も行っている。

第1章

北海道・東北編

宗谷本線

塩狩～和寒（わっさむ）

木々に囲まれた峠道を行く最北の路線

山

和寒から塩狩へと向かう特急「宗谷」、線路の後ろからせり上がって来る迫力のシーン。［420㎜（APS）8月中旬］

広角レンズで撮影すると山の中に消えてゆく線路と共に走る列車のアップを撮影することができる。［24mm（APS）7月下旬］

撮影地までのルート

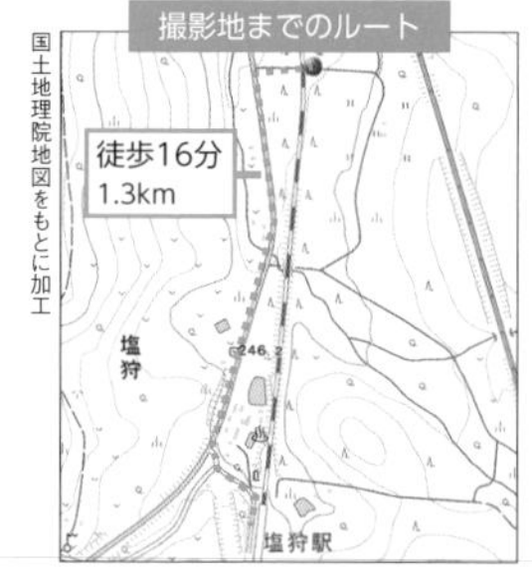

三浦綾子の小説で知られる塩狩峠、この塩狩駅近くの踏切から見ると線路のアップダウンが見え峠らしい雰囲気で列車をとらえることができる（実際のサミットは駅付近）。300㎜以上の望遠レンズを使えば線路の後ろからせり上がってくる様子をとらえられ、広角レンズを使えば山中を行く雰囲気になる。

宗谷本線

山

蘭留～塩狩

上川盆地から塩狩峠へと向かう宗谷本線

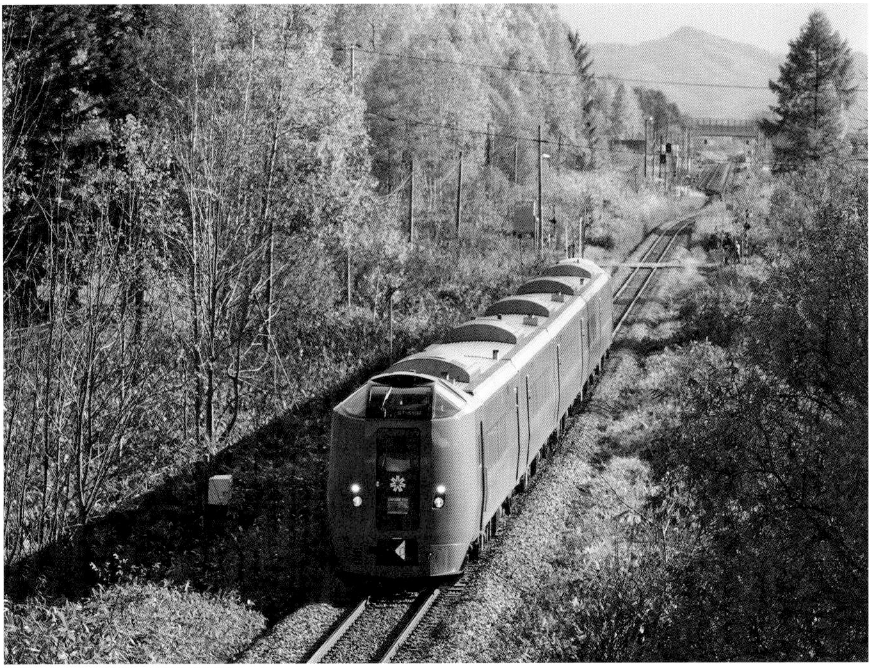

蘭留駅を通過して塩狩峠に向かうキハ261系5000番代「はまなす」編成の下り特急「宗谷」。［200㎜　10月下旬］

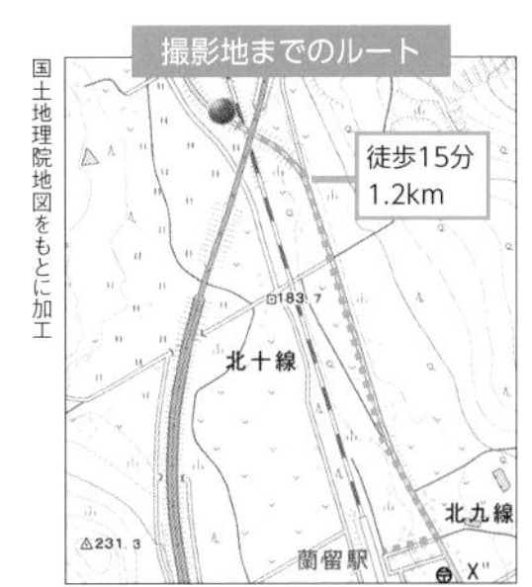

中心に旭川がある上川盆地は田畑がどこまでも広がる。この盆地の北端に蘭留駅があり塩狩峠へと向かう列車の姿を見ることができる。撮影地は国道沿いで下り列車を撮る場合は歩道からの撮影、上り列車を撮る場合は欄干のあるスペースからの撮影になる。

石北本線

川

中愛別～愛山

石狩川に架かるガーダー橋を渡る

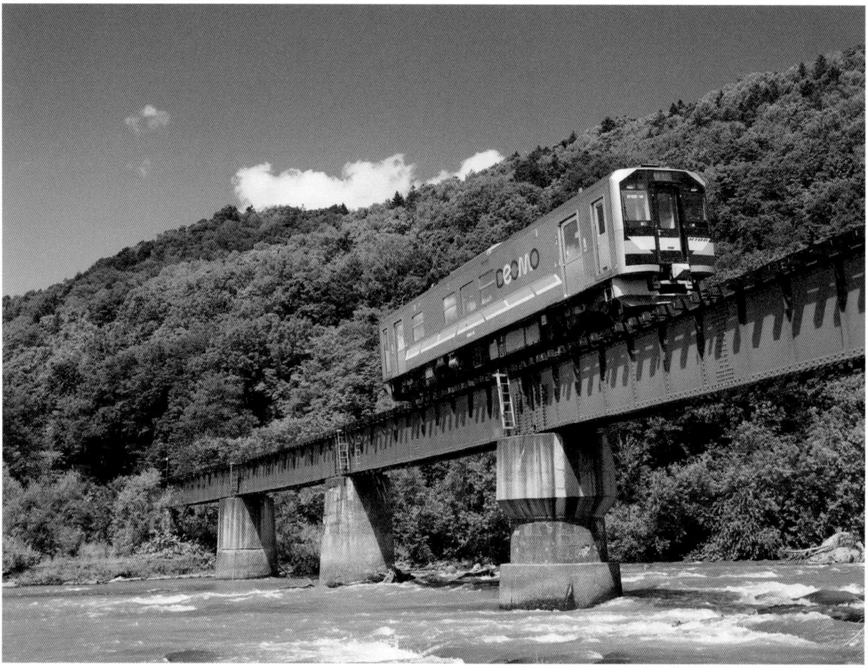

カーブした鉄橋を見上げて撮影、列車は近年走り始めたH100系だ。［40㎜　8月中旬］

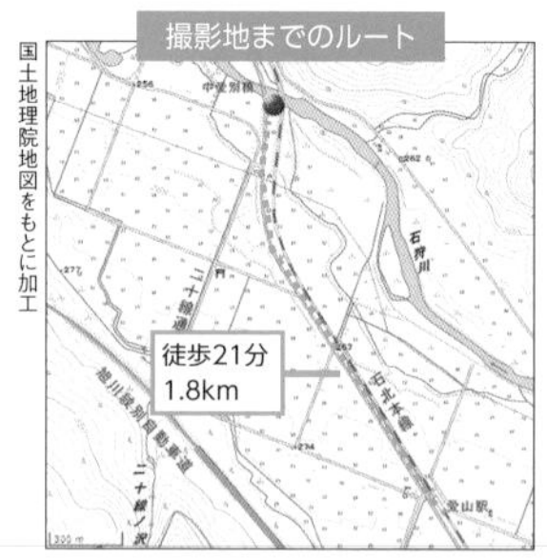

国土地理院地図をもとに加工

大雪山系の山々を水源とする石狩川、北海道の川らしくゆったりと流れている。石狩川を渡る鉄橋はガーダー橋で列車もすっきりと見えていて、適度にカーブしているので見上げると迫力のアングルになる。また鉄橋サイドからは石狩川の流れを大きく入れて撮影することもできる。

石北本線

山 川

遠軽～安国

(えんがる)

瞰望岩をバックに遠軽の町を出る姿を撮る

(がんぼういわ)

瞰望岩を背に走るキハ40形の普通列車。［70㎜　9月上旬］

遠軽駅を出発する下り貨物列車、秋から冬にかけてはタマネギを運ぶ貨物列車が走る。［200㎜　9月上旬］

遠軽町のシンボルになっている瞰望岩、その独特な姿をバックに下り列車を撮る撮影地。構図に収まるのは2両程度のため、貨物や特急列車では編成が入らないので普通列車向きだ。長い列車の場合は遠軽駅近くの踏切にある跨線橋から駅を見るとスイッチバックの駅から出発する列車を撮影することができる。

富良野線

上富良野～西中 十勝岳連峰と大地を行くローカル列車

ルートはQRもCHECK!

富良野線を走るキハ150形。2023年春にH100形に置き換えられた。[24mm(APS)7月中旬]

富良野盆地に敷かれた富良野線、沿線には広々とした田んぼやジャガイモ畑が広がる。バックには十勝岳連峰が連なり北海道らしい風景が見渡せる。線路と並行する道路を歩いて、遠くに見える家が邪魔にならずバランスの良いポジションを見つけたい。

富良野線 臨時駅

西中～ラベンダー畑(臨時) 北海道の夏を彩る花畑、ファーム富田で撮影

ルートはQRもCHECK!

ラベンダー畑の上部から撮影した「富良野・美瑛ノロッコ号」。右端に見えているのがラベンダー畑駅のホームだ。[60mm(APS)7月中旬]

夏の北海道を代表する観光地がラベンダーを始めとする花々が咲くファーム富田だ。最寄り駅は夏だけ営業するラベンダー畑駅(「富良野・美瑛ノロッコ号」のみ停車)。写真の撮影地はトラディショナルラベンダー畑の上部通路から撮影した。彩の畑からも撮ることが出来る。園内では三脚の使用は禁止されているので注意が必要だ。

釧網本線

北浜駅付近

オホーツク海に一番近い北浜駅で流氷を撮る

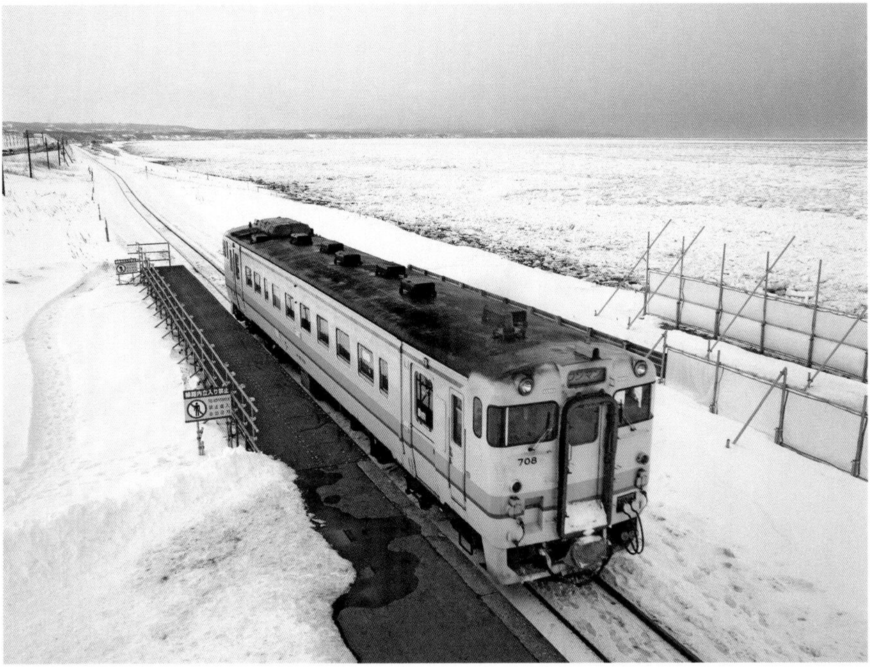

流氷の海をバックに駅に進入してきたキハ40形の普通列車。［28㎜　2月中旬］

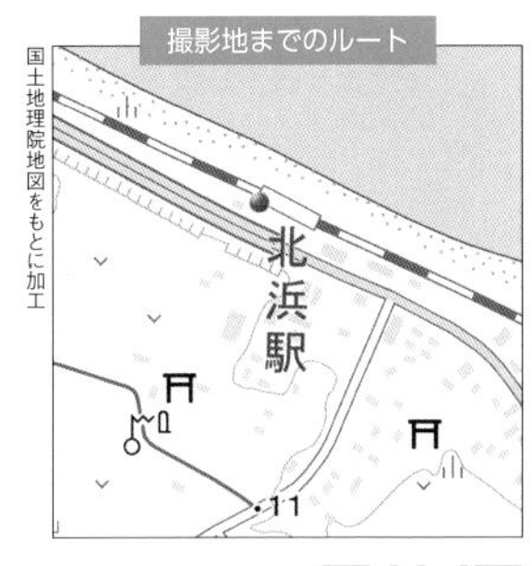

日本の鉄道でオホーツク海沿いを走る唯一の路線が釧網本線だ。その中でも海に一番近いことで知られているのが北浜駅。駅前には展望台があって下り列車の接近やホームに着く姿を狙える。駅の下り側には鉄橋があって運が良ければ白鳥といっしょに列車を撮影することもできる。流氷の着岸は例年1月下旬～2月上旬だが、年によって大きく変わるので、情報を調べてから行きたい。

釧網本線

他

茅沼駅付近

タンチョウが来る茅沼駅で列車との写真を狙う

茅沼駅に停車する「SL冬の湿原号」、SLの発車にあわせてタンチョウも飛び立った。
［450㎜　2月中旬］

現在無人駅の茅沼駅は駅長がいた時代からタンチョウヅルが来る駅として知られている。もちろん自然のものなので必ずいるわけではないのだが、冬季になるとかなりの高確率で駅や車窓から見ることができる。駅の向かいにある道から撮影するが、農地には入らないように注意が必要だ。

撮影地までのルート

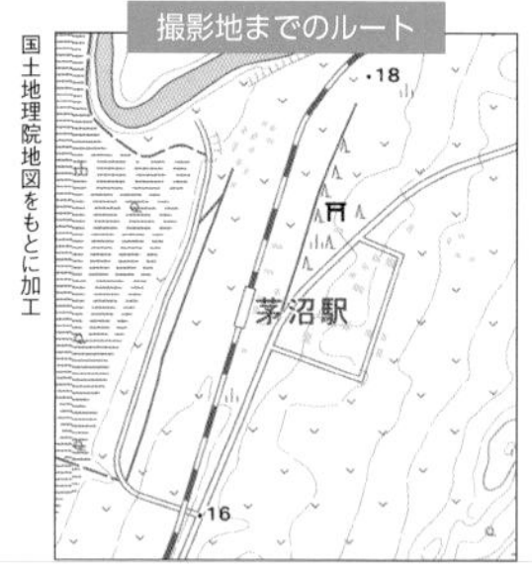

国土地理院地図をもとに加工

根室本線

釧路～東釧路

湿原から流れ出る釧路川を渡る

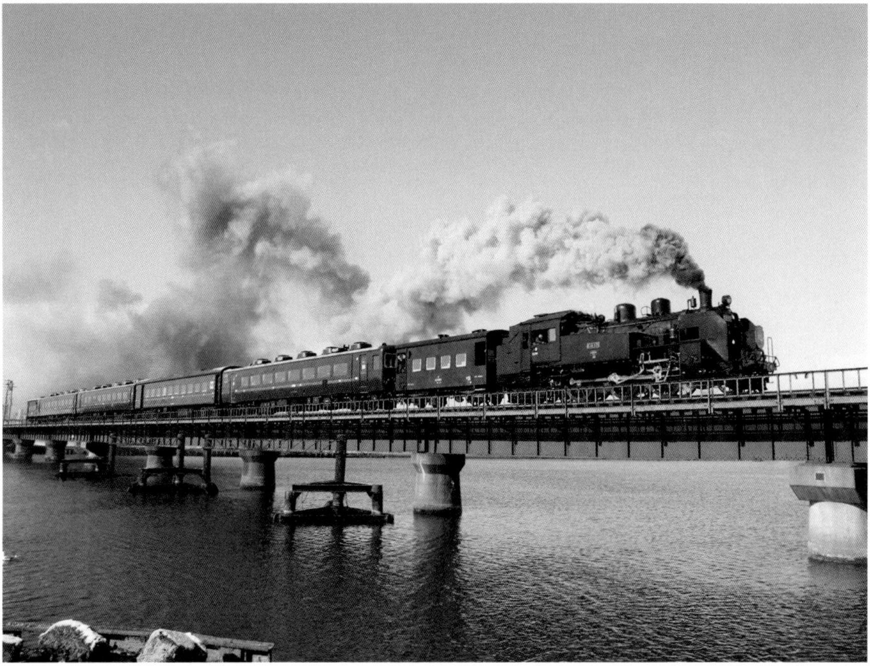

冬の釧路の風物詩になった「SL冬の湿原号」が釧路川橋梁を行く。［28㎜　2月上旬］

根室本線のこの区間には、東釧路駅から分岐する釧網本線の列車と根室駅へ向かう根室本線の列車が走り、ローカル線としては効率よく撮影をすることができる。特に冬の週末などに走るC11形が牽引する「SL冬の湿原号」（運転日注意）も魅力の被写体だ。

ルートは
QR も
CHECK!

根室本線

芽室～大成

日高山脈バックの大カーブを狙う

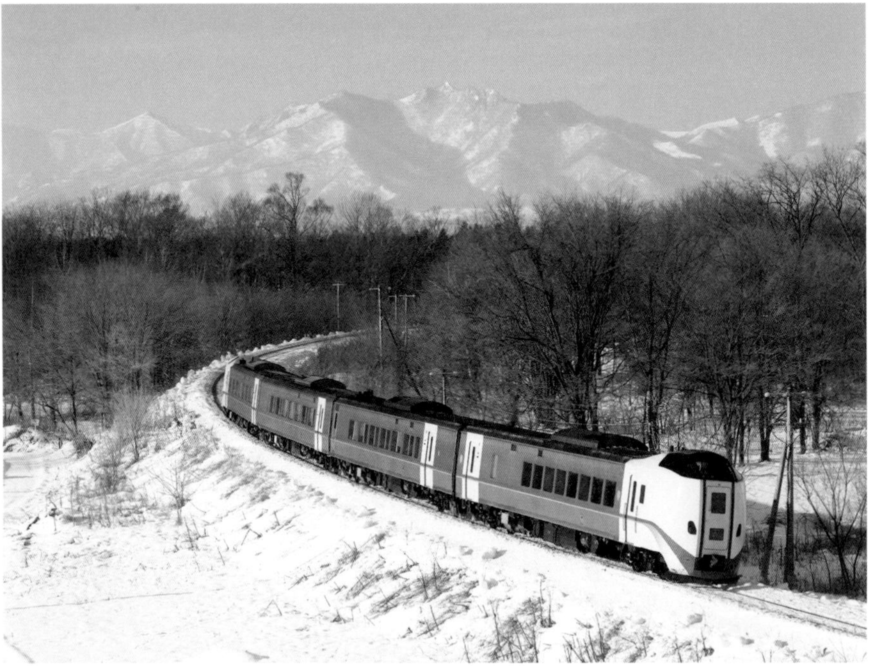

日高山脈の山々をバックに走る特急「とかち」。［100㎜　1月中旬］

帯広の町からも近い大成駅付近にある道路のオーバークロス、この道の歩道からは上下方向とも撮影することができる。上り側を見ると遠く日高山脈をバックにきれいなカーブを行く列車を、下り側を見ると大成駅と緩やかなS字カーブを見下ろすアングルになる。上り側は朝順光になり、下り側は夏の昼頃の光が良い。

大成駅を通過して札幌を目指す特急「とかち」。［120mm　8月上旬］

石勝線

新夕張～占冠（しむかっぷ）

巨大なコンクリート橋梁で空を行く特急列車

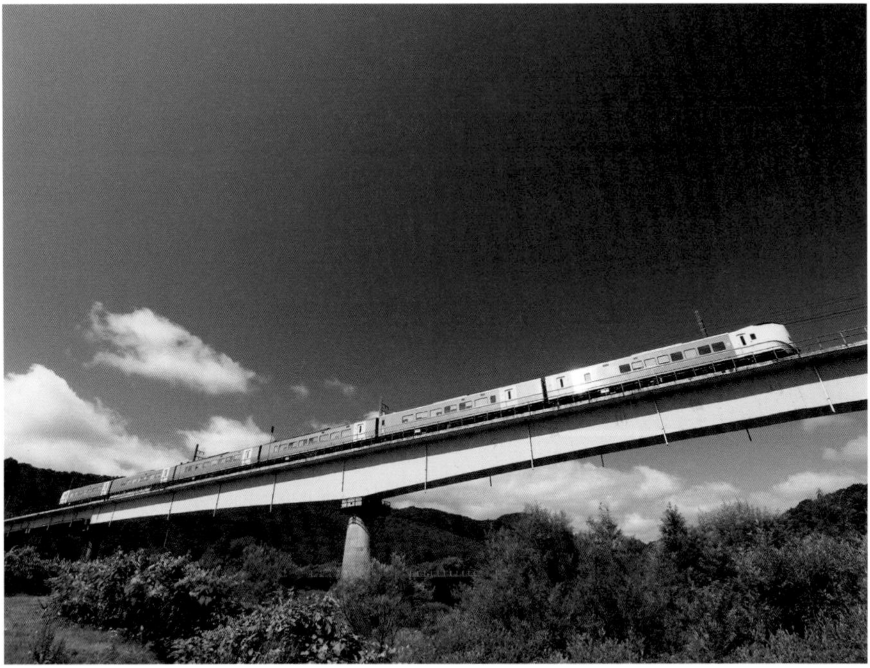

山

真っ青な夏空を走る特急「おおぞら」、午後の陽にステンレスボディーが光る。［16㎜　8月下旬］

国土地理院地図をもとに加工

石勝線は比較的新しい路線で踏切など線路に近づける場所も少なく駅間が長いために、なかなか車なしでは撮影の難しい路線だ。そんな中でも新夕張駅に近いこの橋梁はダイナミックな鉄道風景の写真を撮影できる場所だ。写真はカーブした橋梁のアウト側からの撮影で午後順光になる。またカーブのイン側からも午前中順光で撮影が可能だ。

千歳線

苗穂〜白石

通称“苗穂ストレート”で多彩な列車を撮影する

すっきりとした直線を走る特急「すずらん」。［100㎜　1月下旬］

国土地理院地図をもとに加工

苗穂駅に近い列車走行写真の定番撮影地、平行する道路の柵も低くて撮影しやすい。遠い方の線路は千歳線列車で千歳、函館方面の列車が通過、手前の線路は函館本線旭川方面の列車で、稚内や網走に向かう特急列車も狙える撮影地だ。

室蘭本線

山　海

黄金(こがね)～崎守

海バック、山バック･･･多彩なアングルの撮影地

羊蹄山をバックに走るDF200形の牽引する下り貨物列車。朝が順光になる。［200mm　8月下旬］

海に近い黄金駅、この駅の近くには、いろいろなアングルで撮影できるポイントがある。駅に近い踏切の山側からは羊蹄(ようてい)山がバックに入る。同じ踏切の海側からも撮影が可能で、特に夕方には夕陽で赤く染まった風景が美しい。道路のオーバークロスの歩道からも上下方向とも撮影が可能で、上り側を見ると海がバックに、下り側を見るとトンネルを出る風景になる。この地点は上下方向とも柵が少しだけ高いので、工夫が必要だ。

撮影地までのルート

国土地理院地図をもとに加工

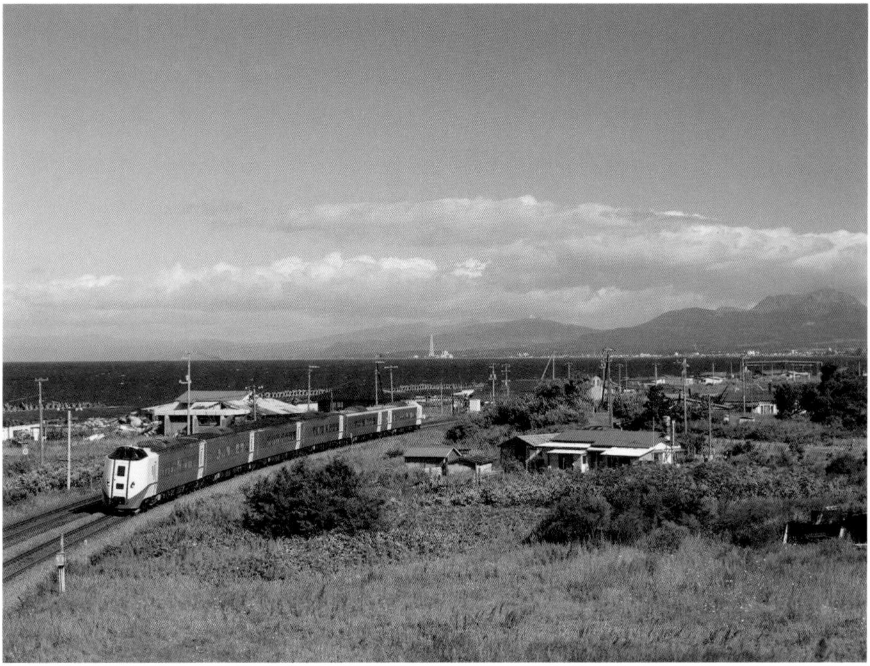

道路のオーバークロスから上り側を見ると、噴火湾と呼ばれる内浦湾がバックになる。［60mm　8月下旬］

オーバークロスから下り方向を見るとトンネルを出てくる列車を撮影できる。［160mm　10月下旬］

踏切の海側からみた下り特急「北斗」、夕方には風景が赤く輝く。［150mm　8月下旬］

室蘭本線

北舟岡駅付近

内浦湾に面した風光明媚な駅を撮る

朝の北舟岡駅、通学客がたくさん乗り込む一番賑わう時間だ。[24mm　8月下旬]

夕方の北舟岡駅、沈む夕日に駅名版がシルエットになる。[45mm　9月上旬]

伊達市の町はずれにある北舟岡駅は噴火湾とも呼ばれる内浦湾に近い駅だ。天気の良い日には遠く対岸の北海道駒ヶ岳から有珠山や羊蹄山などの山も見ることができる風光明媚な駅だ。朝には青い海をバックにした風景が、昼にはきらきらと輝く海が、そして夕方には赤く輝く海の夕景を狙える。どの時間にも楽しめる風景だ。駐車場には待合室ときれいなトイレもあるので長い時間粘れるのもいい。

撮影地までのルート

国土地理院地図をもとに加工

室蘭本線

山

小幌駅付近

北海道の秘境駅、小幌駅に降り立って撮影する

乗って来た列車の出発を撮影、この後上り普通列車を撮影するチャンスはない。［24mm　8月下旬］

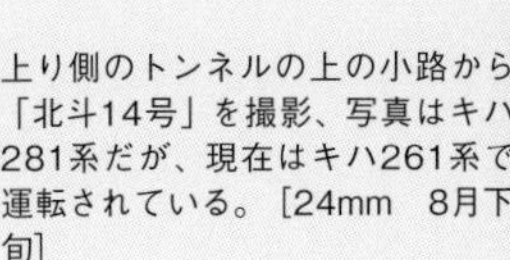

上り側のトンネルの上の小路から「北斗14号」を撮影、写真はキハ281系だが、現在はキハ261系で運転されている。［24mm　8月下旬］

小幌駅は車や徒歩で行くのが困難な秘境駅だ。また、この区間を走る数少ない普通列車も一部列車が通過するため、下り2本（1本は夜）上り4本（1本は夜）という到達困難駅でもある。多くのファンは15：06着の上り列車で到着し、15：50発の下り列車で戻るか17：34発の上り列車に乗車する。列車本数が少ないので、秘境駅に下車したら乗って来た列車はぜひ撮影したい。また、駅の上り側のトンネル上に小路があって線路の上に登ると駅を俯瞰できる。なお、トンネルのすぐ上は立ち入り禁止、更に上の小路からの撮影となる。私が撮影した時には上り列車が15：35頃通過した。撮影後は乗り遅れないように注意しよう。

時刻は2023年3月改正の時刻

撮影地までのルート

国土地理院地図をもとに加工

ルートはQRもCHECK!

道南いさりび鉄道

釜谷～渡島当別

津軽海峡を背に走る第3セクター鉄道のキハ40形

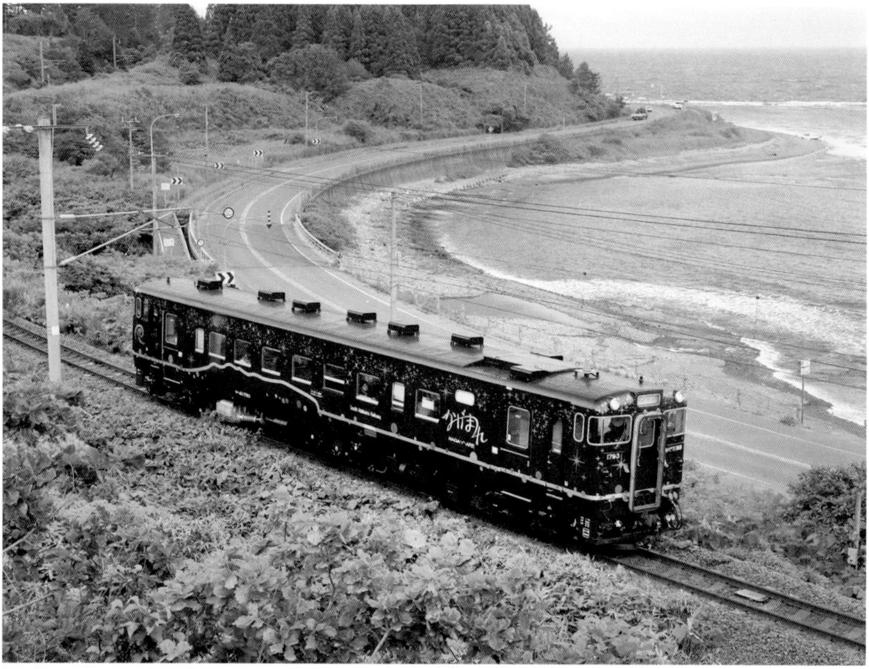

海に沿って走る“ながまれ”塗装のキハ40形。［35mm　7月下旬］

北海道新幹線開業前は津軽海峡線として特急列車も数多く走っていた現在の道南いさりび鉄道。貨物列車とともに人気のキハ40形が走る第3セクター鉄道だ。ここを走るキハ40形は朱色の首都圏色、ツートンカラーの急行色をはじめ多彩な塗装で走っている。またこの路線は海に近い場所を走っている割には海バックの撮影地が少ない。このポイントは踏切近くの丘に登ると、海と列車を見下ろして狙える貴重な撮影地だ。

国土地理院地図をもとに加工

津軽鉄道

毘沙門駅付近 雪をかき分けて走る迫力のストーブ列車を撮る

ディーゼル機関車が牽引する下りストーブ列車。［150㎜（APS） 2月中旬］

レトロな客車に設置されたダルマストーブとSLのように車輪同士を繋ぐロッド棒が付いたディーゼル機関車で人気のストーブ列車。毘沙門駅はストーブ列車が通過する数少ない駅で、雪が積もった日には駅横の踏切から豪快に雪をかき分ける姿を見ることができる。撮影の時は雪が飛んでくるので、十分離れて撮影したい。なお、ディーゼル機関車ではなく、ディーゼルカー2両で運転する日もあるので注意が必要だ。

津軽鉄道

芦野公園駅付近 北の桜名所、芦野公園で「走れメロス号」を狙う

桜のトンネルを抜けてゆっくりと芦野公園駅に進入する「走れメロス号」。［150㎜ 5月上旬］

太宰治(だざいおさむ)の聖地、金木町にある芦野公園。津軽鉄道の線路に沿って桜並木が続いている北の桜名所だ。撮影地は芦野公園駅の上り側にある踏切近く、桜のころの週末には観光客も多いので、邪魔をしないように撮影したい。花の時期は例年4月下旬〜5月上旬。

五能線

深浦~広戸

日本海を眺めて走る風光明媚なローカル線を撮る

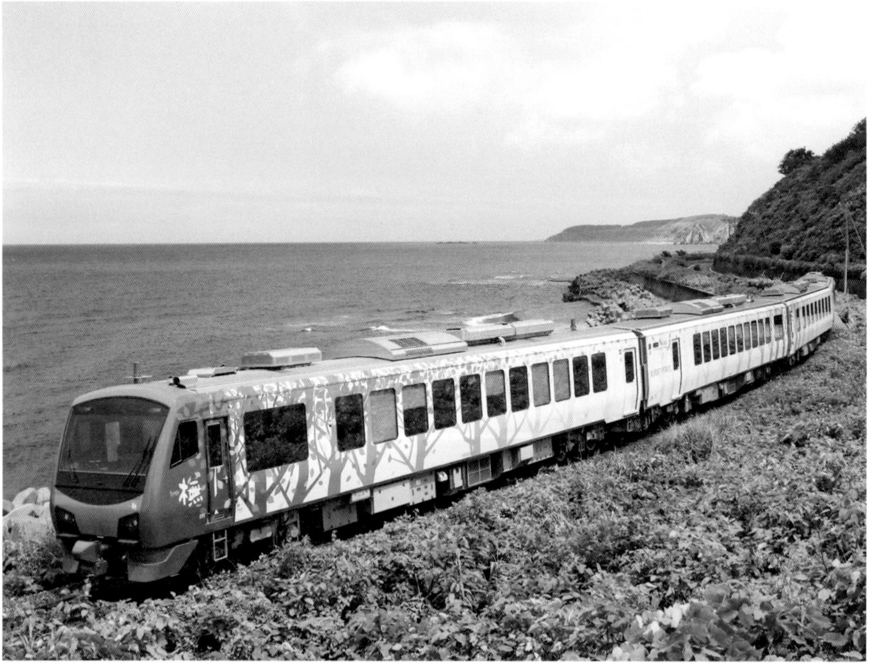

五能線の観光列車「リゾートしらかみ(ぶな編成)」がゆっくりと走って行く。［24mm（APS）　8月上旬］

秋田県と青森県の日本海側に敷かれた五能線は、美しい山や日本海のすぐ近くを走る風光明媚な路線として名高い。特に深浦付近では海のすぐ近くを走る区間が長く続く。広戸駅近くの道の歩道から撮影するこのポイントは高台から撮影するために、列車の上に水平線を置くことができるので、海の美しさを強調できる。なお、広戸駅前にはトイレや店舗もないので、準備して出かけたい。

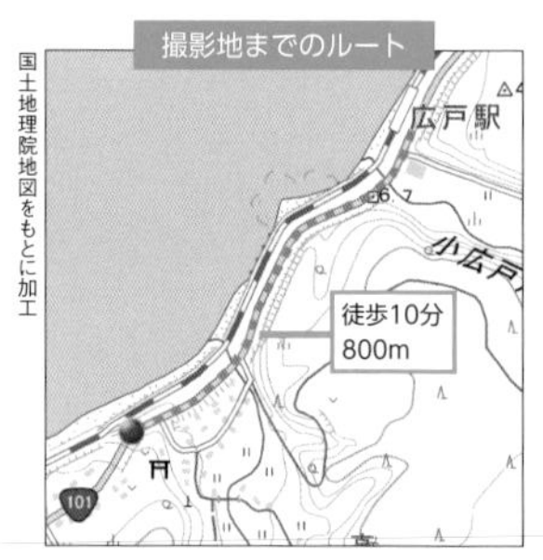

五能線

あきた白神～岩館

海沿いの集落と白神山地の風景を撮る

荒れた日本海を見ながら走る普通列車は新鋭のGV-E400系。
［130㎜　1月下旬］

撮影地までのルート

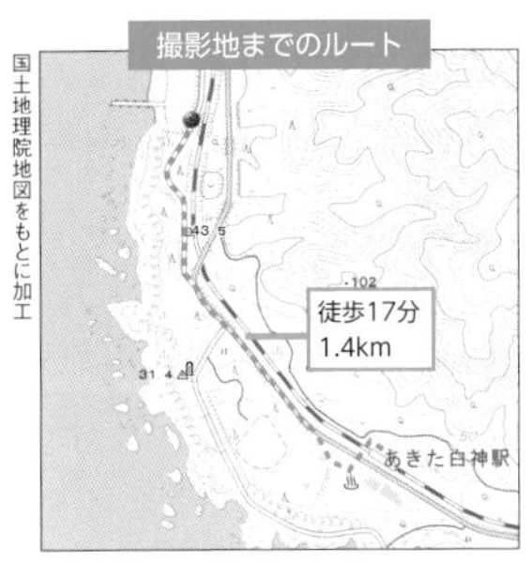

国土地理院地図をもとに加工

日本海と白神山地に挟まれて佇む小さな集落を見下ろして走る列車を撮影する。夏の海、冬の荒れた日本海など季節ごとに美しい風景を見せてくれる撮影地だ。国道から分かれて海辺の集落に進む道に行くと、まもなく視界が開けてくる。鉄橋のアップも良いし、広いアングルで海を入れて撮るのもいい。

八戸線

宿戸～陸中八木

青い太平洋と白いリゾート列車の風景

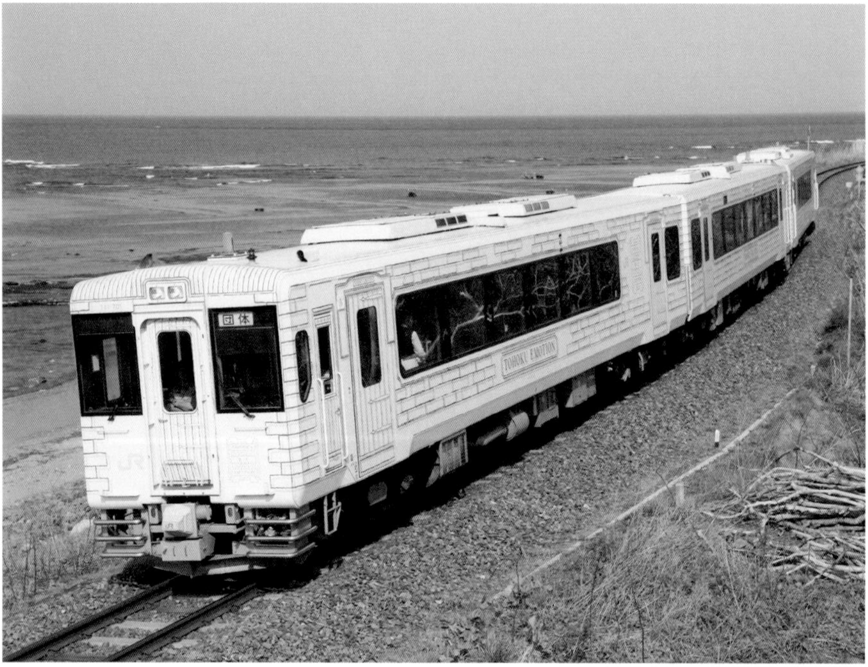

太平洋沿岸を走る「TOHOKU EMOTION」、午後には海がより青く見える。［70㎜　5月中旬］

撮影地までのルート

長い区間で太平洋沿岸に敷かれた八戸線、道路を挟まずに海ぎりぎりを走る風景が見られるのが八戸線の魅力だ。この場所は線路と並走する道路が撮影地で、少し高い位置から見るために列車が接近しても水平線が隠れないのも良い。狙い目の列車はレストラン列車で人気の「TOHOKU EMOTION」（運転日注意）。午後の上り列車は光線状態も良い。このポイントから300mほど宿戸駅寄りには海バックのカーブで下り列車が撮れる撮影地もある。

男鹿線

脇本〜羽立

男鹿半島のシンボル寒風山と「ACCUM」

冬の寒風山、モノトーンの風景を鮮やかな色のEV-E801系「ACCUM」が走る。［50㎜（APS） 2月中旬］

男鹿線は男鹿半島に敷かれた行き止まりのローカル線だ。終点が近づくと独特の様子の寒風山が見えてくる。羽立駅付近の道路からは寒風山をバックに走る列車を撮影することができる。男鹿線を走る列車はすべてEV-E801系「ACCUM（アキュム）」で、パンタグラフから給電して得た電気を蓄電池に充電して、非電化区間も蓄電池の電力で走れる新鋭車両だ。赤色と青色の車両は男鹿の“なまはげ”をイメージしている。

秋田内陸縦貫鉄道

山 川

萱草～笑内

かやくさ　おかしない

真っ赤なトラスの大又川橋梁を渡る

晩秋の渓谷を行く単行のディーゼル列車。［35mm　10月下旬］

撮影地までのルート

国土地理院地図をもとに加工

秋田の山間部を走る秋田内陸縦貫鉄道、レトロなスタイルのアンダートラス構造の赤い鉄橋がある。並行する国道からは線路とほぼ同じ高さから撮影することができる。また、低い位置にある旧道の橋からは鉄橋を見上げて空に浮かぶ姿を撮ることも可能だ。季節ごとの美しさがあるが、やはり紅葉の時期はこの路線らしい姿を見せてくれる。

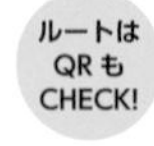

東北新幹線

他

二戸（にのへ）～八戸（はちのへ）

道路から見下ろす新幹線撮影地

新幹線と青い森鉄道が交差する場所で、トンネル上の道から安全に撮影ができる場所だ。青い森鉄道の金田一温泉駅が比較的近くて歩くことができる。縦位置で撮影すると柱やビームなどを避けてアングルを決めやすい。斜めから横位置も可能だが、ケーブル類が少しうるさくなるので注意が必要だ。

国土地理院地図をもとに加工

ルートはQRもCHECK!

トンネルから飛び出してくる新幹線「はやぶさ」、この区間での最高速度は260km/hだ。[200㎜（APS）　1月下旬]

東北新幹線

街　山

盛岡駅付近　マリオス展望台から新幹線の大俯瞰

国土地理院地図をもとに加工

岩手山と新幹線のダイナミックなパノラマが広がる。マリオス展望室は元旦のみ休館日で9時～18時に開館。[80㎜（APS）　11月上旬]

ルートはQRもCHECK!

盛岡駅前にある岩手県の盛岡地域交流センター“マリオス”、この20階に入場料無料の展望室がある。ぐるっと風景を見渡せるが、圧巻は東北新幹線の下り方面で大きく岩手山と街中を行く新幹線を見ることができる。上り側を見ると北上川と新幹線の風景になる。公共の展望室なので三脚等の使用は避けて、迷惑にならないように撮影をしたい。

北上線

ゆだ錦秋湖〜ほっとゆだ

錦秋湖に映りこむ錦秋の鉄道風景を撮る

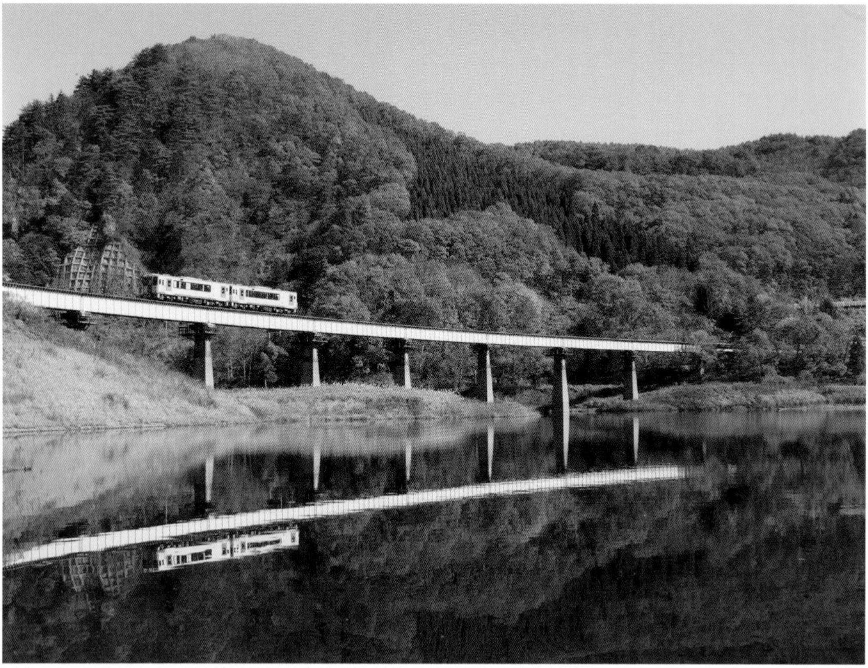

穏やかな錦秋湖に映りこむ紅葉の風景が北上線の魅力だ。［40㎜　10月下旬］

錦秋湖は和賀川に作られた湯田ダムで形成された湖だ。この区間では北上線がほぼ湖に沿って敷かれている。全体に風光明媚な風景が続くが、駅から比較的近いのがほっとゆだ駅を出てすぐにある支流を渡る大きな鉄橋だ。風のない日には水鏡になって美しい。四季それぞれに魅力があるが、やはり秋の紅葉は圧巻だ。

釜石線

宮守〜柏木平 美しい4連のアーチ橋を行くローカル列車

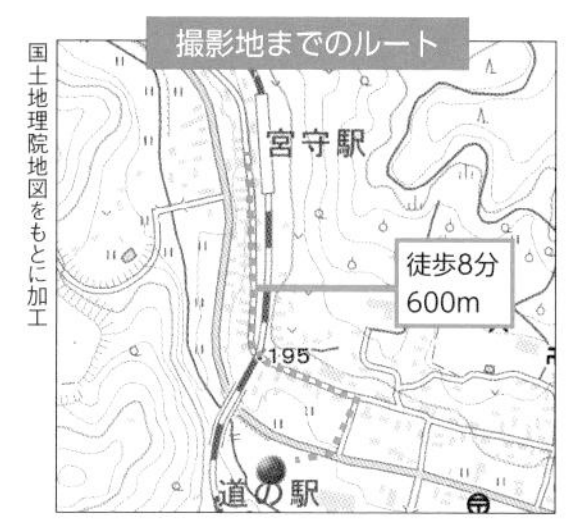

国土地理院地図をもとに加工

ルートはQRも CHECK!

青空を行くキハ110系の普通列車、手前にある石積みの柱は軽便鉄道時代の橋脚跡だ。［24mm　4月下旬］

北上山地を越えて走る釜石線、山あいの宮守駅近くに美しいアーチ橋がある。撮影場所は道の駅みやもりに併設された公園からだ。売店やレストランもあるので待ち時間が楽しく過ごせる。あたりが暗くなると橋梁をライトアップするので、幻想的な鉄道写真が撮れる。時間が許せばぜひ挑戦してみたい。

三陸鉄道

白井海岸〜堀内(ほりない) 三陸鉄道のアーチ橋から青い太平洋を眺める

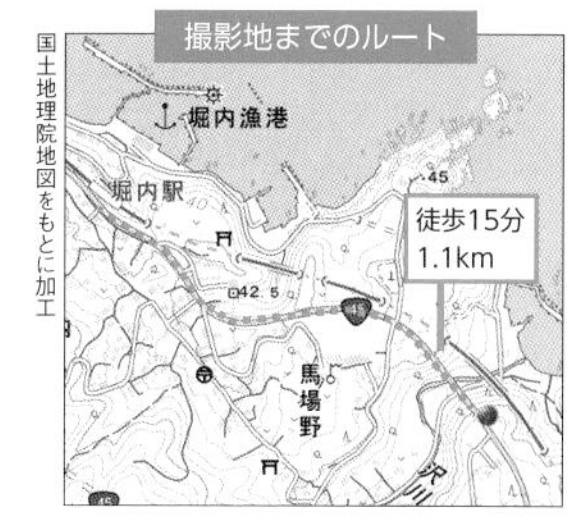

国土地理院地図をもとに加工

ルートはQRも CHECK!

橋梁上の列車は観光客に車窓を楽しんでもらうために一時停車する。［40mm　3月下旬］

三陸鉄道の名撮影地である大沢橋梁、広々とした太平洋、リアス式海岸の岩場、小さな港を入れて撮影できる。列車は少しの間停車してくれるので、この時間にアーチを大きく、海をいっぱいになど、1本の列車でいろいろなアングルを撮影することができる。

羽越本線

勝木～府屋

遠く飛島が浮かぶ日本海を行く

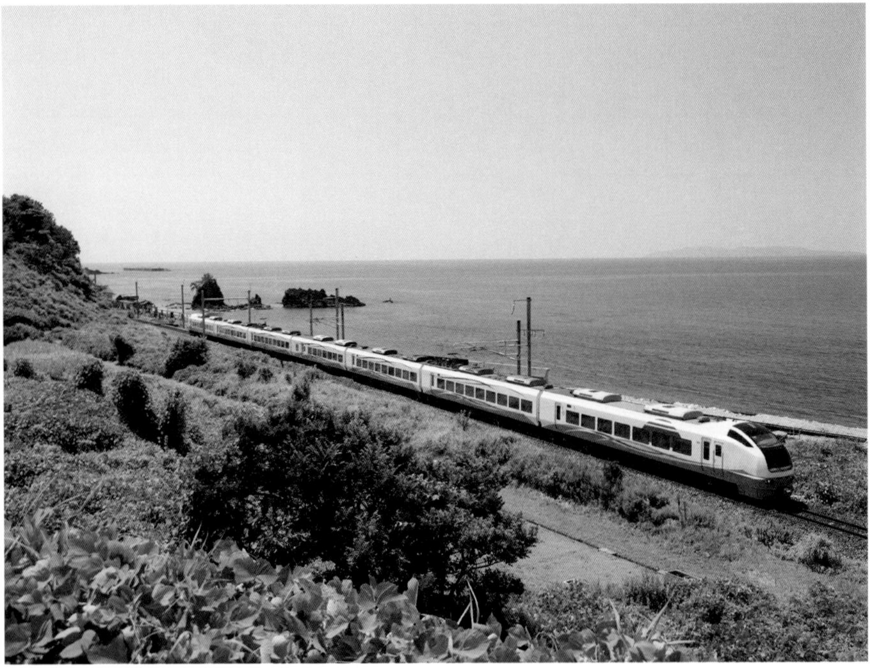

青い日本海を見て特急「いなほ」が走る。［35mm　7月下旬］

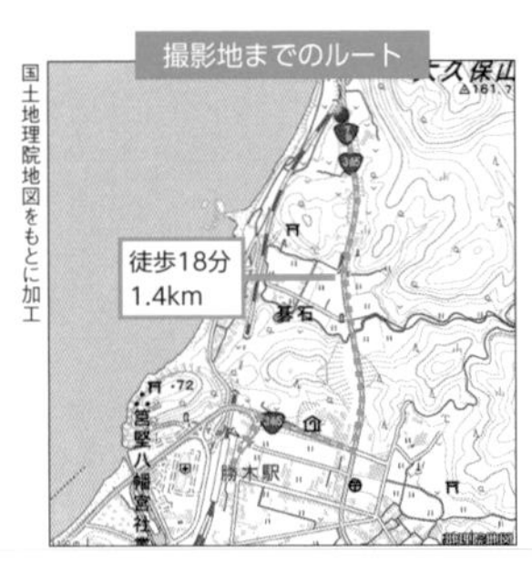

日本海に沿って北へと向かう羽越本線、海をバックに撮影できるポイントは数多く点在している。その中でも国道の歩道から簡単に撮影できて水平線には飛島も見えるのが、この撮影地だ。光線状態は午前中早い時間ほど順光に近く海の色もきれいに見える。

山形新幹線

福島～米沢

吾妻山を眺めて走る新幹線つばさ

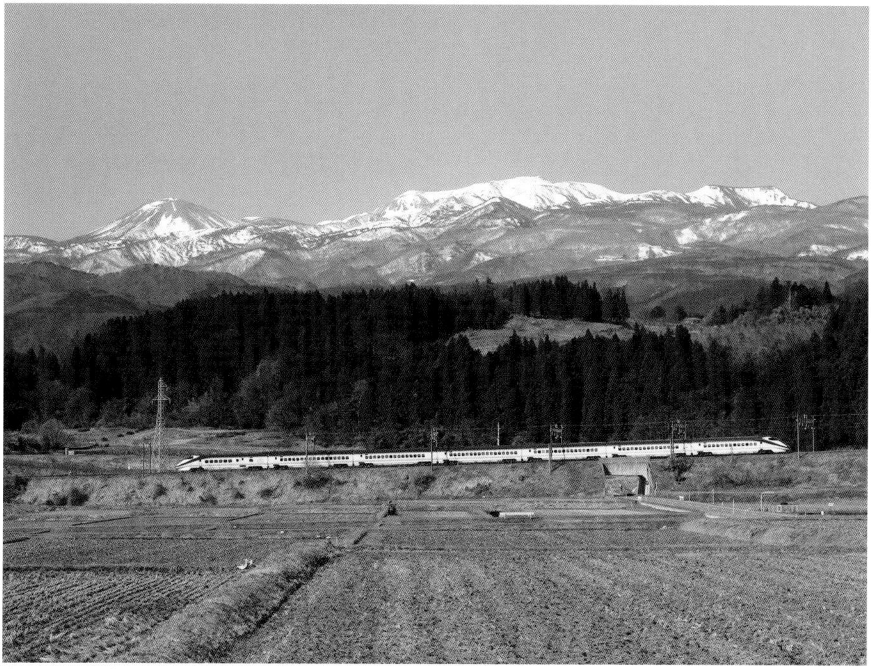

庭坂の大カーブを駆け下りてくる「つばさ」、上下線に段差があるので上り列車が撮りやすい。［50mm（APS）　3月下旬］

東北新幹線と別れて福島盆地を走ってきた山形新幹線「つばさ」が米沢に向けて登り始めるのが庭坂付近の大カーブだ。築堤を使ってどんどんと登って行く。この場所からは吾妻山のパノラマが見える。写真左側の峰は吾妻小富士、残雪の季節が山の存在感があって美しく見える時期だ。

仙山線

面白山高原駅付近

（おもしろやまこうげん）

駅前の道路から面白山紅葉川渓谷と鉄道を撮る

紅葉の渓谷を行く。例年見ごろは10月下旬から11月上旬だ。［60㎜　11月上旬］

松尾芭蕉の名句で知られる山形県の山寺。山寺駅は観光客などで賑わう駅だが隣の面白山高原駅は通過列車もある静かな駅だ。駅を出てすぐの道からは足元に線路があり、右側には深い渓谷が見える。広角レンズを使ってあわせて写しこみたい。新緑や紅葉など山の木々が美しい時期がおすすめだ。道から逆側を見ると石積みのトンネルが見えるので、こちらも撮影しておきたい。

撮影地までのルート

東北本線

大河原～船岡

白石川堤一目千本桜を行く列車

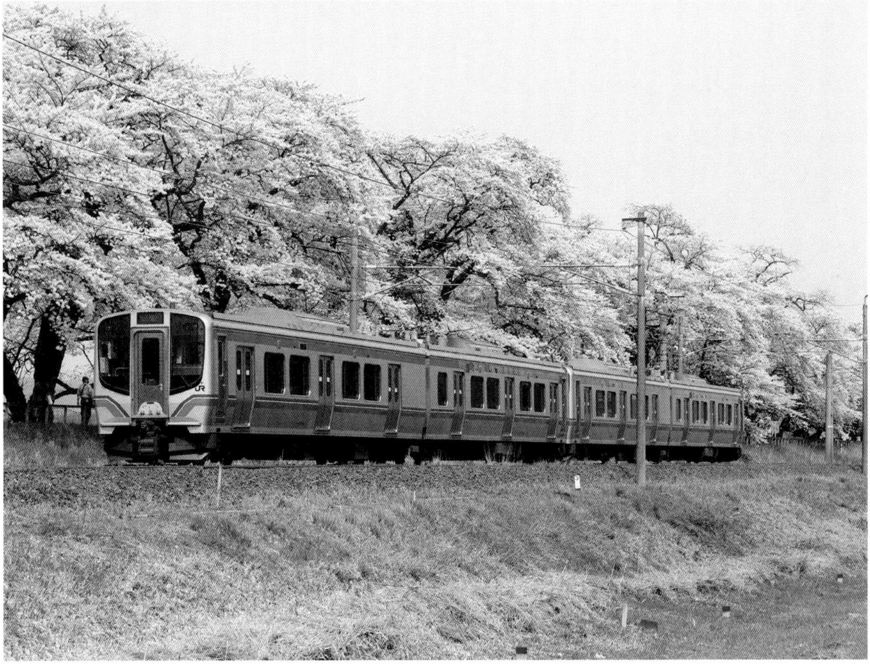

見事に咲いた桜の並木、例年見ごろは4月上旬～中旬。［100㎜　4月中旬］

日本のさくら100選にも選ばれた白石川堤一目千本桜、8kmにも渡って見事な桜並木が続く名所だ。この並木は東北本線に沿って植えられていて、花の季節には普通列車も徐行して走るほどだ。併走する国道付近から桜の木などの状況を見ながら撮影地を決めたい。近くの船岡城址公園も桜の名所で鉄道と桜を撮ることができるので訪れてみたい。

磐越西線

川桁（かわげた）〜猪苗代（いなわしろ）

宝の山会津磐梯山をバックに走る

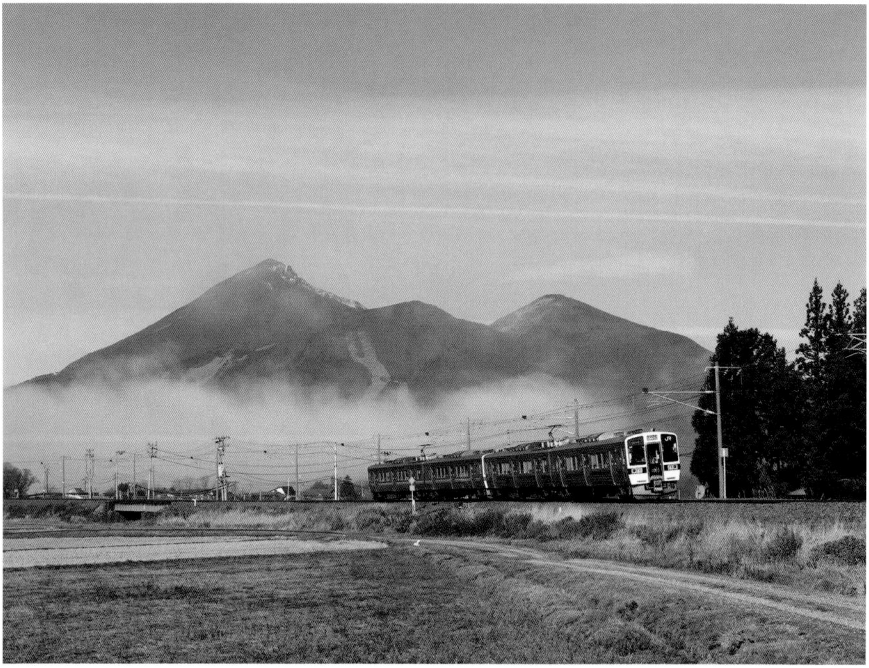

田んぼのカーブは低めの築堤なので、線路の後ろの家などが目立たなくて撮影しやすい。写真の719系は運転を終了しており、現在はE721系が走っている。［35mm（APS） 2016年12月上旬］

磐越西線の各地から見る角度によって、いろいろな形に見える磐梯山。川桁駅付近から見ると３つの峰（左から大磐梯、赤埴山、櫛ケ峰）となだらかなすそ野が美しく見える。撮影地は田んぼの中の道からなので自由に場所を選べる。山の大きさと列車の大きさのバランスを考えながらポジションを決めたい。

会津鉄道

湯野上温泉～芦ノ牧温泉南

若郷湖にかかるコンクリート橋と山の風景

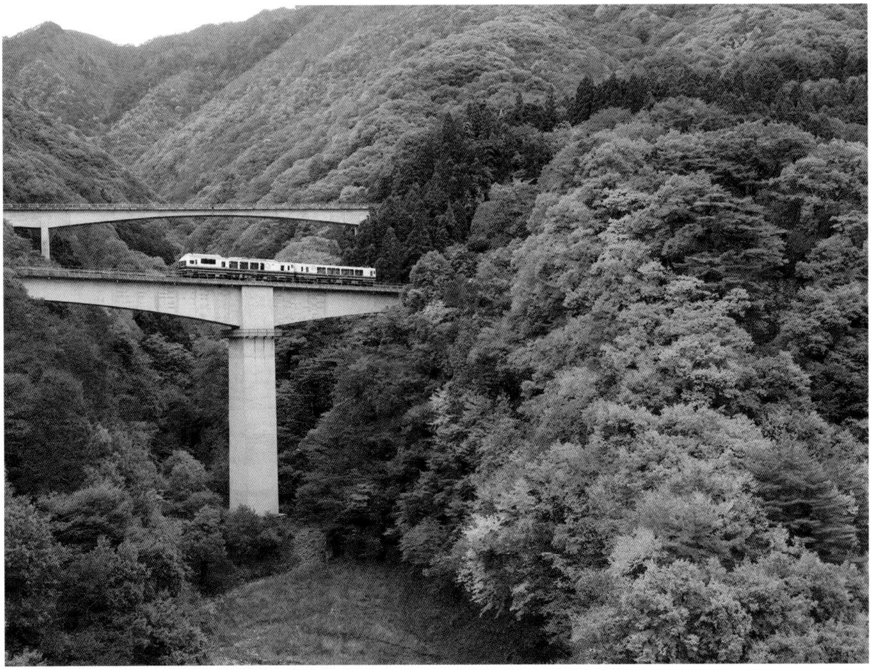

紅葉の木々の中「お座トロ展望列車」が停車した。この辺りの紅葉は例年11月上旬ごろ見ごろになる。［35mm　11月上旬］

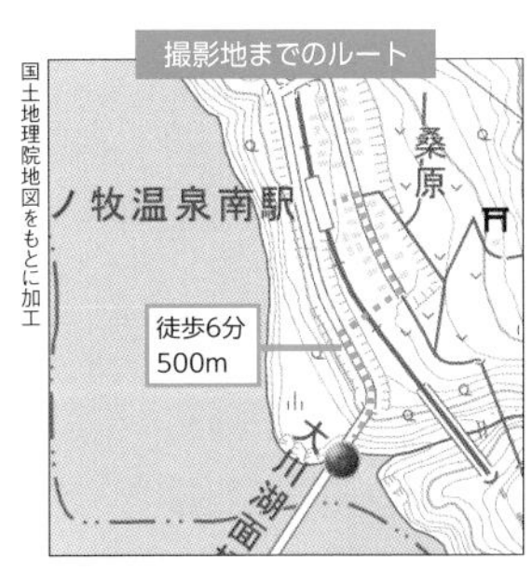

阿賀川に作られた若郷湖（わかさとこ）、芦ノ牧温泉南駅近くの背の高いコンクリート橋を湖に架かる道路橋から撮影する。背景にある林道へと続く橋もアクセントになっている。休日等に走る観光列車の「お座トロ展望列車」は、この橋の上で景色を見るために停車するので、アップや広い絵、横位置、縦位置などいろいろなアングルで撮影することができる。

只見線

滝谷～会津桧原（あいづひのはら）

渓谷をまたぐアンダートラス鉄橋を行く

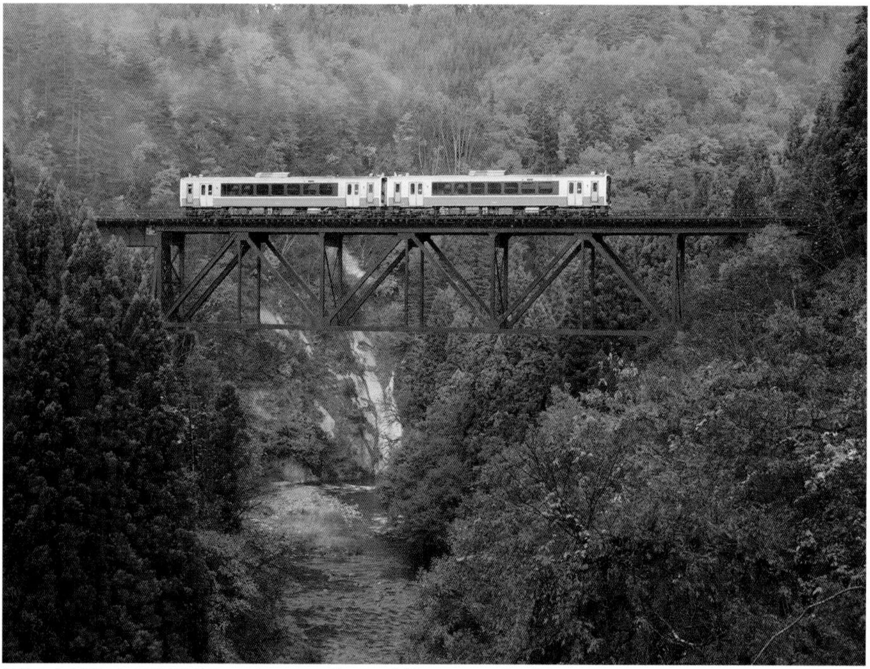

紅葉の山を背に走る只見線カラーのキハE120形、この路線はキハ110系も運転されている。［70㎜　11月上旬］

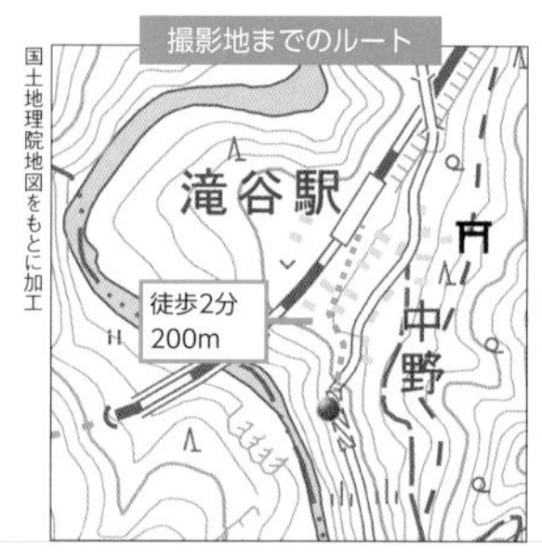

ダム湖を渡る鉄橋の風景が良く知られる只見線だが、ここ滝谷駅近くの撮影地では渓谷を渡る鉄道絶景が広がっている。新緑や紅葉など季節ごとに美しい姿を見せてくれるので何度も訪れたくなる撮影地だ。積雪時でも道路から撮影するために足場が良く撮影しやすいのもありがたい。

只見線

会津西方～会津宮下

大きなトラス橋を渡る列車をすっきりと撮影する

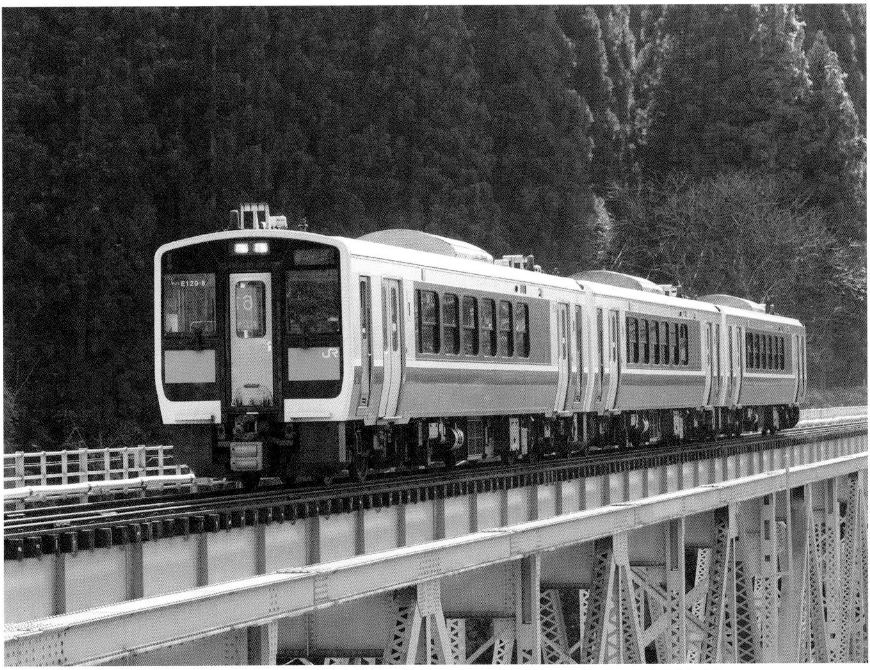

朝の通学時間に走る3両のディーゼルカー、1両より長め編成のバランスが良い。［135㎜　11月上旬］

只見川のダムを渡る長いアンダートラス橋の第二只見川橋梁、線路と並ぶ道路から見ると、列車にかかる手すりは逆側で、手前側には柱などの障害物がなくて列車をすっきりと撮影することが出来るのがありがたい。午後には列車サイドに陽が当たるが、写真は早朝の陽が当たる前の状態、背景が暗い山になるために日陰でもきれいな写真になる。

column 1

金網越しに撮影するテクニック

撮影地に着いてみたら金網があって撮影ができない。風景はきれいなのに・・・ショック！そんな時でも撮影できる（可能性がある）テクニック。方法は大きく2つ、望遠レンズで金網をぼかして撮る方法と小さなレンズで金網の隙間から撮る方法だ。

望遠レンズを使う

まずレンズに付いているフードを外してできるだけ金網に近づけ、隙間の中心付近にセットする。絞り込むと被写界深度が深くなり網が濃く写ることがあるので、あまり絞り込まないで撮影しよう。テスト撮影しながら目立たないようにアングルと絞りの値を決めたい。

フードを外してレンズを網に近づける。レンズに傷が付かないように注意が必要だ。

京都駅付近の撮影地で、金網越しで撮影した。この時は絞りF11でも金網は目立たなかった。

小さなレンズを使う

標準や広角レンズの時は金網に近づけても網はボケないので、小さなサイズのレンズを使って金網の隙間から撮影する。金網のサイズによっては金網が写らないように微調整が必要だ。テスト撮影しながら慎重に決めたい。それでも難しい場合は、コンパクトカメラやスマホを使って挑戦したい。

小さな径のレンズを使って金網抜け撮影をする。

微調整をして金網が入らないようにする。

第２章

関東編

常磐線

花

赤塚～偕楽園（臨時）

梅の名所水戸偕楽園に沿って走る

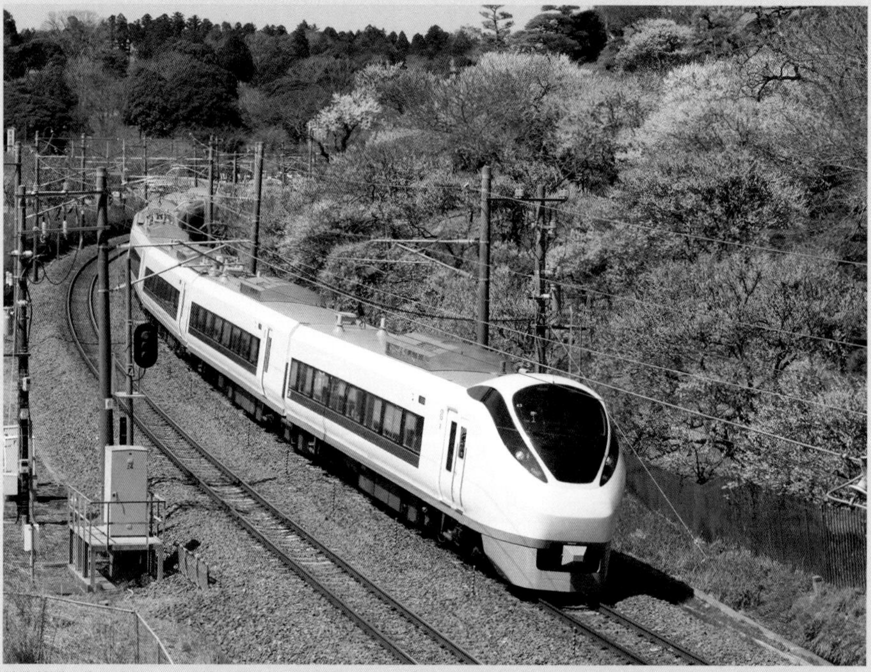

線路付近の梅は遅咲きで、例年3月下旬が見ごろになる。［90㎜　3月下旬］

日本三名園のひとつ水戸偕楽園、園内には3000本もの梅が植えられて、春には華やかな姿を見せてくれる。撮影地は臨時駅の偕楽園駅近くにある歩行者用の跨線橋で、線路上にある柵が終わったあたりから狙う。特に梅の時期には観光客も多いので邪魔にならないようしたい。なお、偕楽園駅の営業は例年3月の土日祝（要確認）で、下りホームのみ設置のため、偕楽園駅から上り方面へ向かう際はいったん水戸駅まで乗ってから上り列車に乗車する必要がある。

ルートは
QRも
CHECK!

東武日光線

板荷(いたが)～下小代(しもごしろ) 日光三山のひとつ女峰山(にょほうざん)を背に走る特急「日光」

ルートはQRもCHECK!

すっきりとした大築堤にJRの新宿へと向かう特急「日光」が現れた。［100㎜　12月下旬］

都心から日光へと向かう直通列車が走る東武日光線。栃木駅を過ぎたあたりから車窓に日光連山が見えてくる。下小代駅に近い大築堤では背景に日光三山のひとつ女峰山（写真左の頂、右の頂は赤薙山(あかなぎさん)）が見える。午前中が順光の撮影地だ。山の存在感を出すには、やはり雪の積もった冬がおすすめ。2023年の夏には新型特急「スペーシアX」も登場する。

真岡鐵道

北真岡～西田井 C12形が牽引する3両の50系客車が走る

ルートはQRもCHECK!

週末を中心に通年運転されている「SLもおか号」。［130㎜　6月上旬］

関東平野の北部、田畑が広がる真岡鐵道沿線の風景が撮影できる場所だ。五行川にかかる橋梁の青いトラスがアクセントになっている。写真は踏切近くからアップで撮影しているが、もっとサイドから撮影や、五行川近くで橋梁を入れて撮るなど、自由なポジションから撮影することができる。撮影後には真岡駅にあるキューロク館に行って、空気圧で動くSLを見るのもおすすめだ。

日光線

今市～日光

日光連山をバックに走るローカル列車を撮る

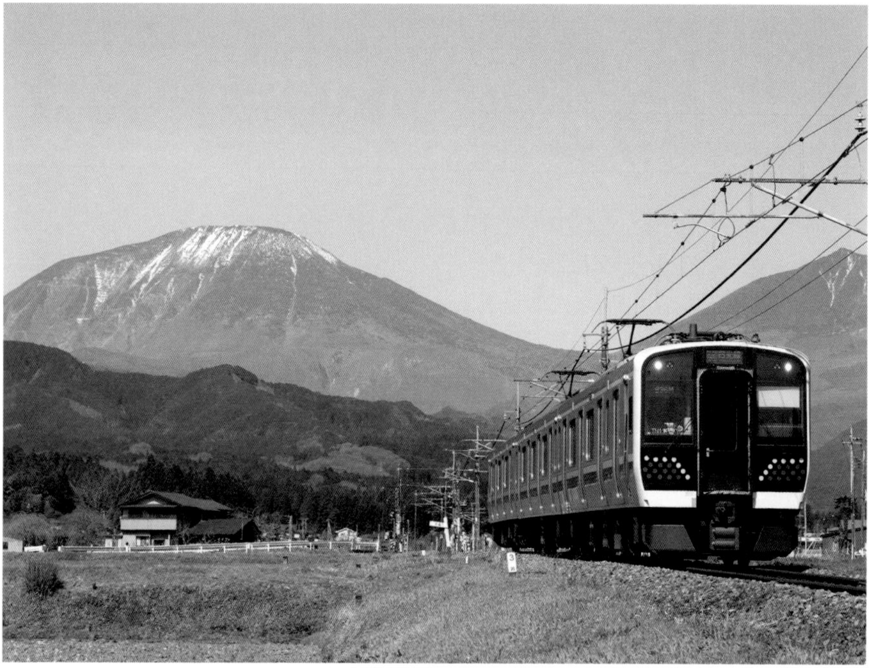

線路近くからは写真左側の男体山、右側の大真名子山を入れて撮影できる。［130㎜　4月上旬］

日光線は日本有数の観光地である日光へ向かう路線だが、東武鉄道が競合しているためにローカル線的な雰囲気だ。このポイントは広い田んぼの中からの撮影で、バックには日光連山が広がっている。緩やかな稜線の男体山、尖った頂の大真名子山、荒い山肌の女峰山などのパノラマが広がっている。線路から離れてサイド気味に撮影すると、女峰山をバックにした撮影も可能だ。日光線今市駅からも歩けるが、東武日光線上今市駅の方が近い。

東武鬼怒川線

大桑～新高徳

C11形が牽引する「SL大樹」の鉄道風景写真を狙う

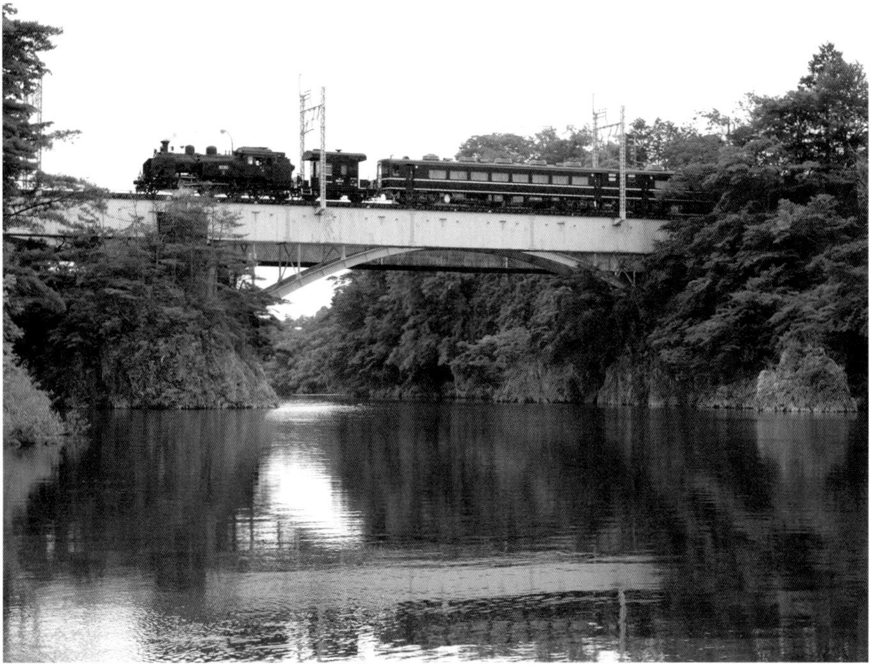

煙をあげて鬼怒川を渡る「SL大樹」、列車の接近音が聞こえにくいので、時間が来たら集中して待とう。［50mm（APS）6月中旬］

「SL大樹」は下今市駅と鬼怒川温泉駅間を走る。走行距離12.4kmと短いながら1日最大4往復も走るため乗車や撮影でゆっくりと楽しむことができる（運転日注意）。この撮影地では鬼怒川が渓谷になっている区間に架かる橋梁を河原から撮影する。この路線では比較的少ない鉄道風景写真が撮れる区間だ。

烏山線

川

滝～烏山

龍門の滝と烏山線の蓄電池電車EV-E301系「ACCUM」

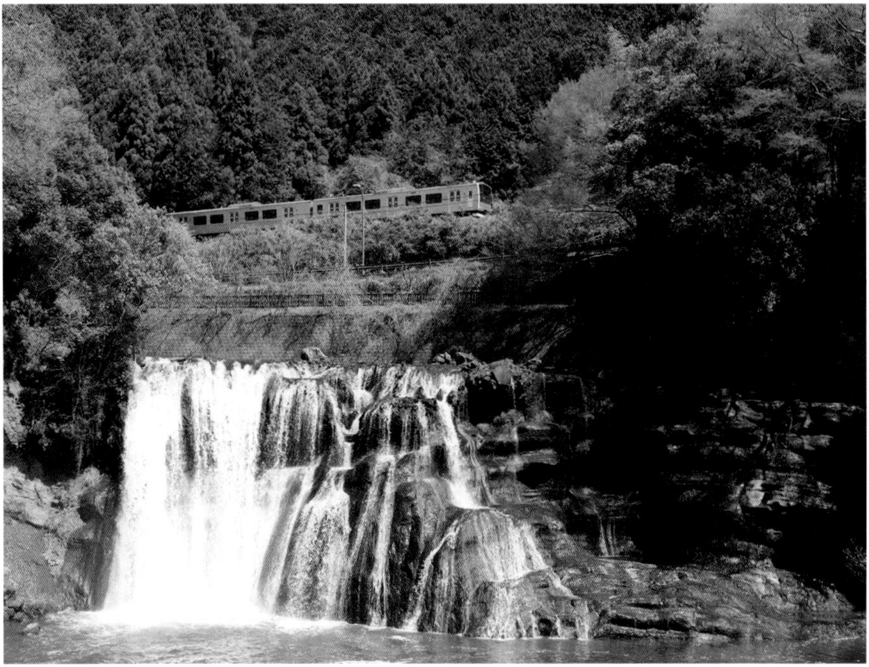

龍門の滝の遊歩道の高い位置にある展望台から撮影、川近くの低い位置からも撮影可能だ。［60㎜　4月上旬］

　烏山線は栃木県東部を走るローカル線だ。終点・烏山駅のひとつ手前の駅はその名も滝駅で、この撮影地への最寄り駅だ。撮影する龍門の滝は落差20mの名瀑で、滝の後ろに走る列車とともに撮影できる。ここを走る列車は架線から得た電気を蓄電池に充電してモーターで走る蓄電池電車EV-E301系「ACCUM（アキュム）」だ。

わたらせ渓谷鐵道

花

神戸駅付近

桜と花桃に囲まれた春の駅で一日過ごす

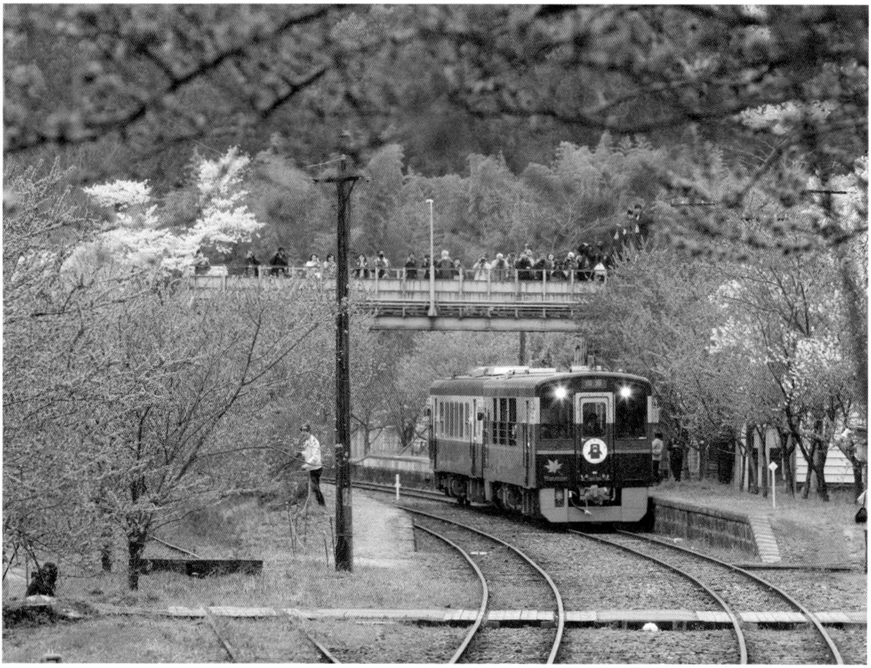

花でいっぱいの神戸駅、例年見ごろは4月上旬～4月中旬。［150㎜　4月中旬］

神戸駅は淡い色合いの桜の花と濃いピンク色の花桃の花で埋もれる山あいの駅、写真は下り側の線路近くの道から駅を狙っている。写真に写っている跨線橋からなど多彩なアングルで撮影できるのも魅力だ。（駅近くで撮影する場合は、歩行者の邪魔にならないよう注意）また、駅下り側には約300mにわたって線路に沿って花桃並木がある。こちらも美しい風景なのでぜひ狙ってみたい。

関東鉄道常総線

三妻～南石下（みなみいしげ）

関東平野の広さを感じる風景を走る

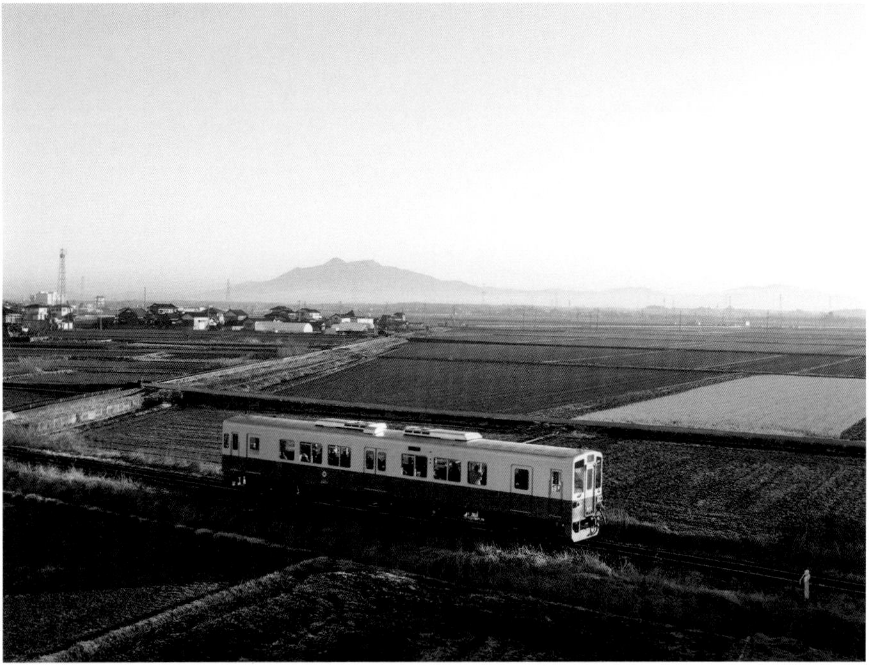

冬の朝、霧に浮かぶ筑波山が幻想的な姿を見せてくれた。［35mm　2月中旬］

気動車が走る地方鉄道には珍しく、南側の取手～水海道間は複線区間で次々と列車が行き来する関東鉄道常総線。北部区間は単線で列車本数も減りローカル線色が強くなる。風景も広い田畑やそびえる筑波山が美しい。この撮影地はオーバークロスする道路の歩道からの撮影で、高い位置から見るために広々とした風景が見られる。順光になるのは午後だが、写真のように朝の光も美しい姿を見せてくれる。

山 田

東北本線

氏家（うじいえ）～蒲須坂

遠く高原山を望む東北本線の風景

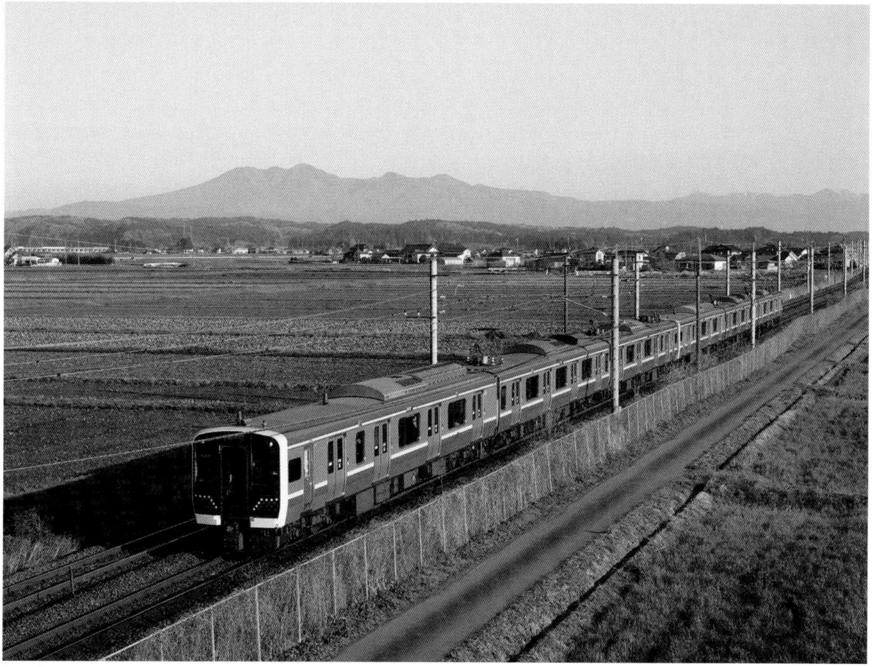

朝の東北本線を6両編成のE131系が走って来た。［50㎜　4月上旬］

栃木県の田園地帯を走る東北本線の列車を跨線橋から撮影する。天気の良い日には背景に日光国立公園にある高原（たかはら）山の山並みを入れることができる。近年線路わきに柵ができたので、柵が線路に重ならないように比較的線路に近い場所からの撮影になる。

上信電鉄

佐野のわたし〜根小屋

佐野のわたし駅近くの木造の橋から鉄橋を渡る列車を撮る

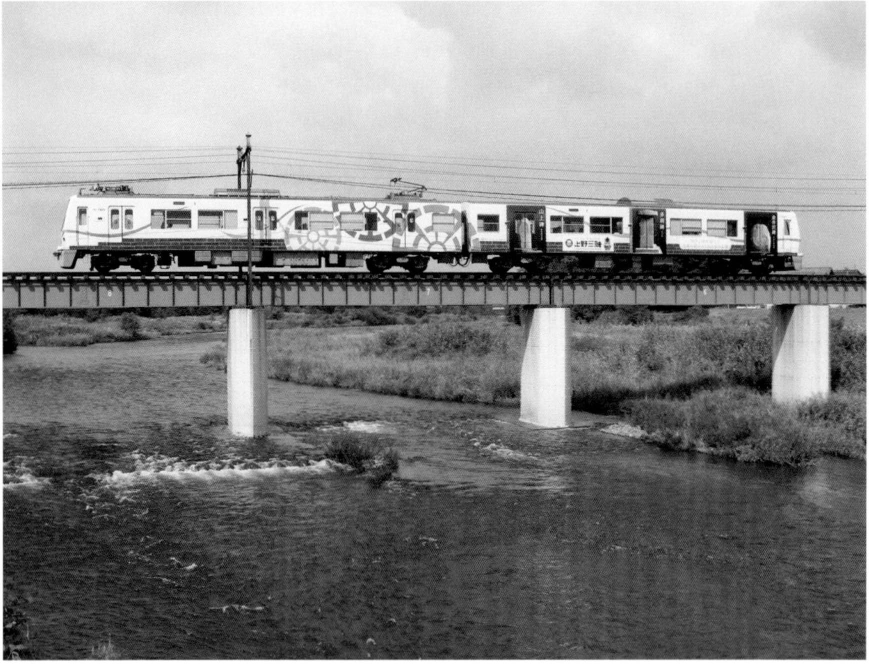

烏川に架かる橋梁を走るオリジナル車両の7000形電車。［24mm（APS）　10月上旬］

2014（平成26）年に開業した佐野のわたし駅。この駅前に烏川にかかるすっきりとした鉄橋がある。この鉄橋と並んで設置されているのが木造の佐野橋（車は通行不可）で、この橋から撮影を行う。川の流れを入れたり、橋詰から斜めに狙うなど自由に撮影することができる。夕方の時間を除いて順光になる。

上越線

川

水上(みなかみ)～湯檜曽(ゆびそ)

上越国境を行くローカル列車を狙う

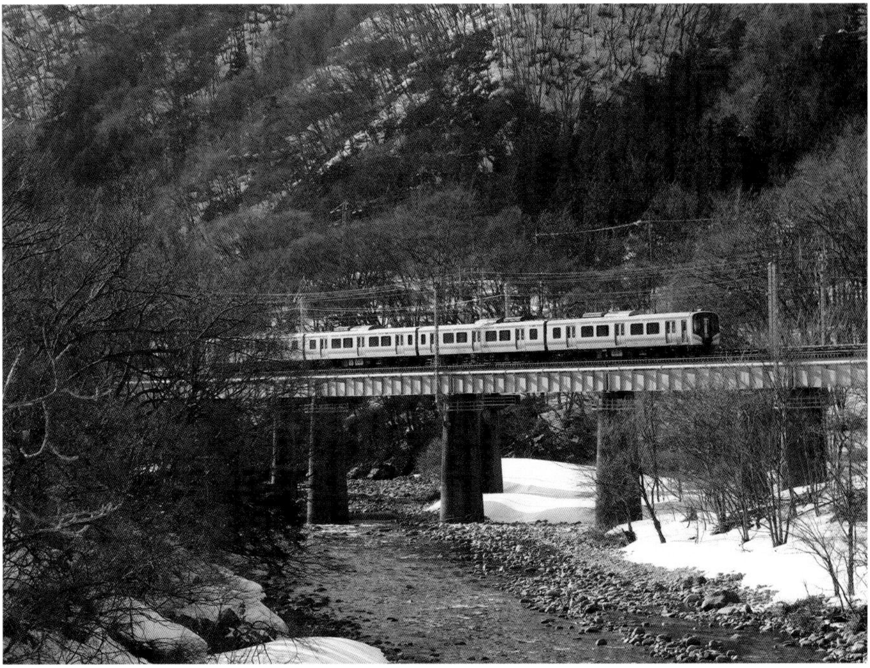

第6利根川橋梁を渡るE129系の普通列車。［85㎜　3月上旬］

かつて特急「とき」など優等列車が行き来していた上越線も上越新幹線開業以降は列車本数が激減、特に上越国境を越える定期の旅客列車は下り6本、上り5本とローカル線の様相になっている。撮影地は水上駅に近い利根川を渡るポイント。アースカラーの緑に塗られた鉄橋や架線柱は上越線特有の雰囲気を残している。写真は昼ごろの上り列車、周辺の山が高いので太陽高度が高い時間帯に狙いたい。

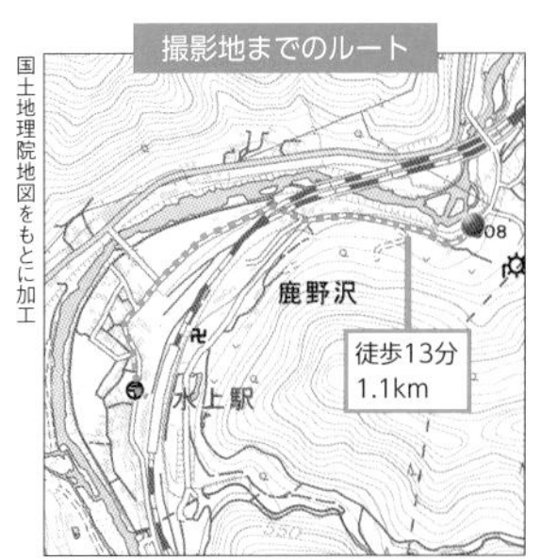

国土地理院地図をもとに加工

上越新幹線

高崎～上毛高原

上越国境を越えて東京へ、山岳区間を駆け抜ける

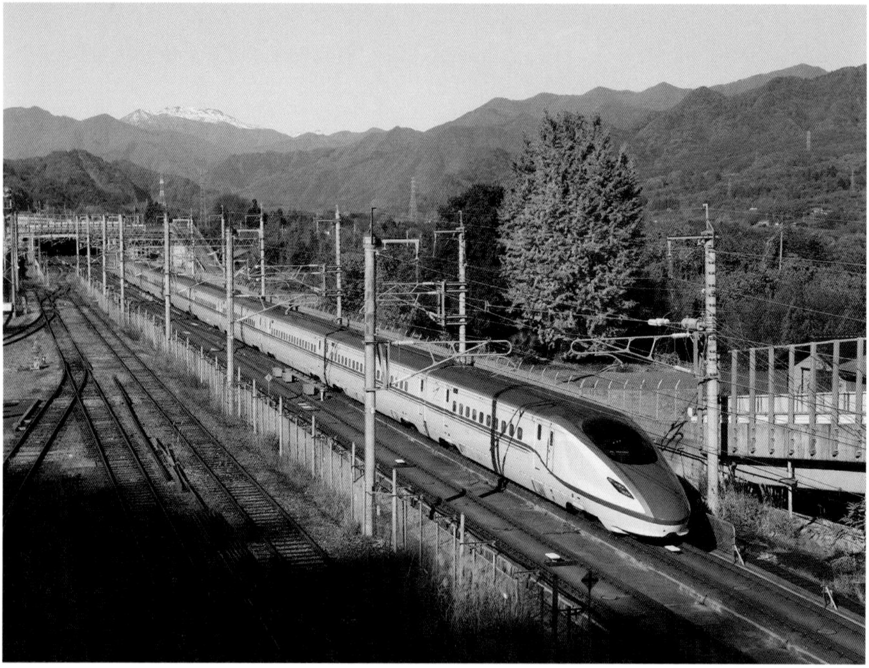

美しい紅葉の山々を行く新幹線「とき」、紅葉の見ごろは例年11月上旬～11月中旬だ。［50㎜　11月中旬］

上毛高原駅に近い跨線橋から上越新幹線を撮影する。背景には谷川岳など上越国境の山々が見え、雪が積もるシーズンには山々が輝き美しい。光線状態は午後が順光になるが陽の短い時期には早々に日陰になるので注意が必要だ。また撮影地には少し高めの柵があるので工夫して撮影に臨みたい。

北陸新幹線

高崎～安中榛名

貴重な駅近の新幹線撮影地でE7系を撮影する

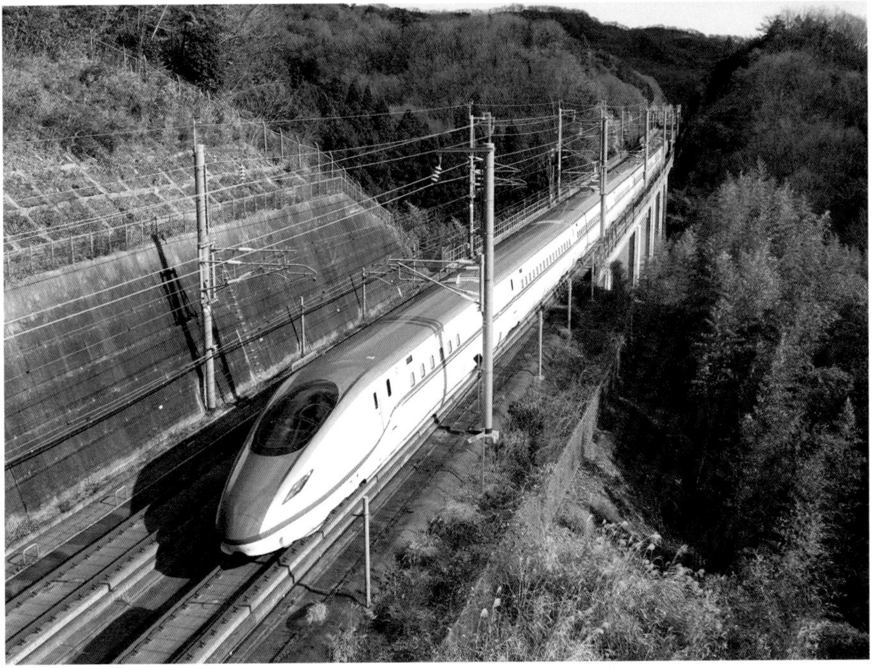

碓氷峠に向けて急勾配を登って行く新幹線「かがやき」。［24mm（APS）　1月中旬］

碓氷峠に向けて、どんどんと坂を登って来る新幹線を撮影する。撮影地は安中榛名駅からすぐ近くの道路の歩道からで、安全に撮影できる。歩道の柵も低いので撮りやすい。このポイントから500mほど進むと、終日逆光ながらサイドから撮影できる場所もあるのであわせて撮影したい。なお、安中榛名駅は「かがやき」、「はくたか」のほか、「あさま」でも通過する列車があるので注意をして撮影に行きたい。

国土地理院地図をもとに加工

八高線

川

金子～東飯能

南北に走る八高線、高い鉄橋で空の風景を撮る

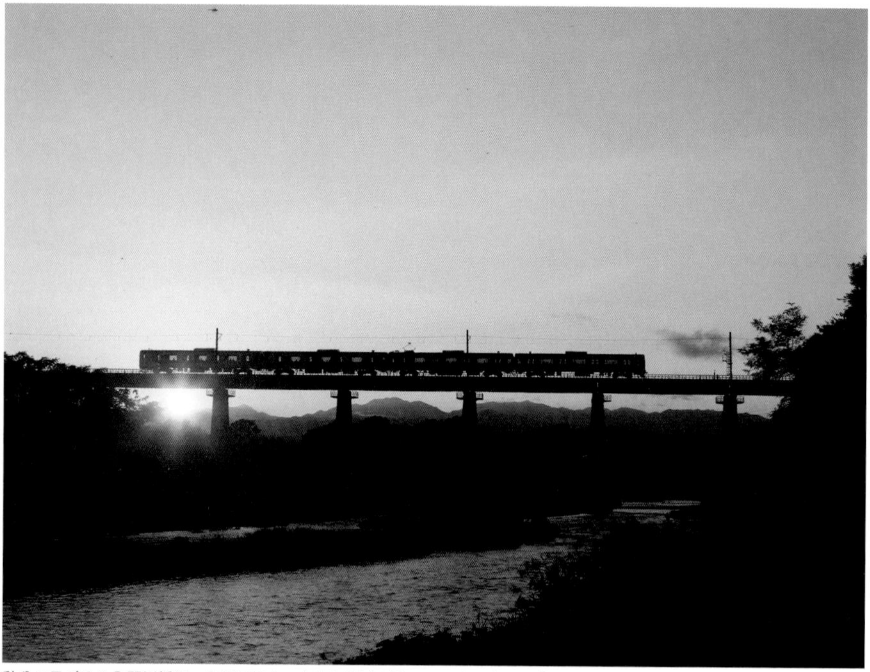

秋分の日ごろの入間川橋梁、夕陽に染まった空に列車がシルエットになる。［50㎜　9月下旬］

東京からも比較的近い撮影地の入間川橋梁は橋脚が高く、すっきりとしたガーダー橋で空をバックにした撮影を行えるポイントだ。午前中は東側が、午後は西側が順光になるが、夕方に東側の河原から撮影するとシルエットも撮影可能だ。季節的には春分の日、秋分の日前後に太陽が線路の後ろに位置する。最寄り駅は西武池袋線元加治駅だ。

青梅線

二俣尾～軍畑（いくさばた） 東京の奥座敷でトレッスル橋と通勤電車の競演を撮る

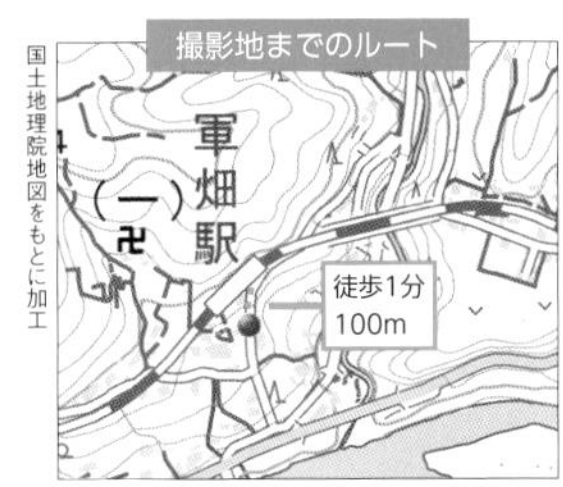

国土地理院地図をもとに加工

春の奥沢橋梁、4月上旬には鉄橋近くの桜が見ごろになる。［200mm　4月上旬］

ルートはQRもCHECK!

軍畑駅近くにある奥沢橋梁は末広がりに組まれた鉄骨の橋脚を持つ美しいトレッスル橋梁だ。付近の風景も東京都とは思えないほど自然豊かで列車の車窓からは多摩川上流の風景が見える。撮影地は駅から下る道の途中からで、電線などが邪魔にならない場所を選んでポジションを決めたい。

秩父鉄道

上長瀞（かみながとろ）～親鼻 レトロな姿の荒川橋梁を行く「SLパレオエクスプレス」

国土地理院地図をもとに加工

荒川の流れと空をバックに走るSL、夏らしい風景だ。［50mm　6月中旬］

ルートはQRもCHECK!

石組みの高い橋脚にアンダートラスの荒川橋梁、レトロな姿が魅力の鉄橋だ。そこを走るのがオンシーズンの週末を中心にC58形が牽引する「SLパレオエクスプレス」だ。上長瀞駅前の道を川の方に進み、突き当り付近から河原に降りる。作例では水際の石の上から水の流れを強調して撮影した。鉄橋の反対側から撮影すると山がバックになるなど鉄橋を中心に自由なアングルで撮影できる。

西武秩父線

芦ヶ久保～横瀬

石灰石の山「武甲山」を背に走る西武電車

朝の武甲山をバックに走る西武4000系、西武の普通列車で唯一のボックスシートの車両だ。［40㎜（APS）　8月下旬］

撮影地までのルート

国土地理院地図をもとに加工

西武秩父線の電車に乗って西武秩父駅に近づくと見えてくる武甲山、石灰岩の採掘が盛んな秩父を代表する山だ。この武甲山をバックに横瀬駅に近いコンクリート橋を撮影する。撮影地付近は住宅地なので電線や木に邪魔されない場所を選んでポジションをとりたい。光線状態は午前中早めの時間が順光になる。昼からは橋梁の反対側へまわると空をバックに順光で撮影できる。

東武スカイツリーライン

浅草～とうきょうスカイツリー

スカイツリーをバックに
東武鉄道の多彩な列車を撮影する

とうきょうスカイツリー駅を出発して浅草駅へ向かう列車を撮影するポイント。100系「スペーシア」をはじめ、200型「りょうもう」、500系「リバティー」など多彩な列車が走って来るのも魅力だ。スカイツリーが近いために広角レンズが必要だ。

青空にそり立つスカイツリーをバックに走る「りょうもう」。[24mm　1月上旬]

撮影地までのルート

国土地理院地図をもとに加工

ルートはQRもCHECK!

中央本線

東中野～中野　東京の桜と鉄道名所「東中野の切り通し」で春の撮影

東中野の桜並木をバックに走る特急「あずさ」。桜の見ごろは3月下旬から4月上旬。[20㎜（APS）　4月上旬]

撮影地までのルート

国土地理院地図をもとに加工

ルートはQRもCHECK!

東中野駅を降りると見えてくる切り通しの線路を見下ろす桜並木。約300mに渡って植えられている。この区間は中央本線（快速線）の複線と中央・総武緩行線の複線が並ぶ複々線なので、サイド気味に撮影しても手前の空間が広くてアングルを取りやすい。写真は横にある道から柵越しに撮影した。このほか桜並木の中野駅側にある跨線橋からもきれいな風景を見ることができる。

山手線

大塚～巣鴨 山手線の切り通しを歩道から撮影する

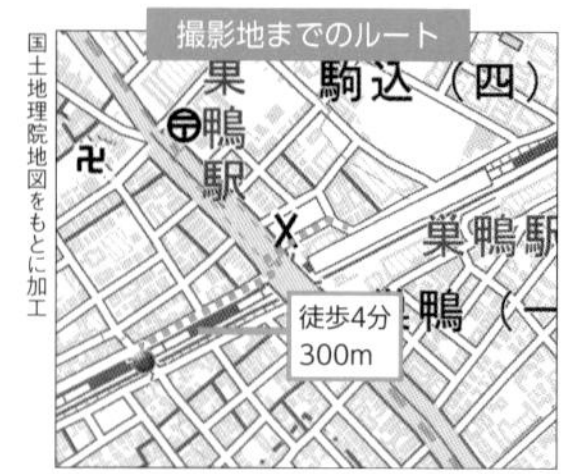

ルートはQRもCHECK!

切り通しを行く山手線内回りのE235系。［16mm（APS） 4月上旬］

山手線と湘南新宿ラインが並んでいる巣鴨駅周辺で、切り通しにかかる道の歩道から撮影する。都内の橋には珍しく柵が高くないので撮りやすいのもありがたい。湘南新宿ラインには特急「日光」、特急「きぬがわ」などの特急も走るので狙ってみたい。

京王線

川

中河原～聖蹟桜ヶ丘（せいせきさくらがおか） 広々とした多摩川の河原と鉄橋の風景を撮る

ルートはQRもCHECK!

8月も終わり頃になると秋の空の様子になってきた。［224mm 8月下旬］

多摩地域を走る京王電鉄京王線、聖蹟桜ヶ丘駅付近で多摩川を渡る。このあたりの多摩川は中流域で河原は広々としていて自由な角度から撮影することができる。天気の良い日、雲のきれいな日には空を大きく入れて季節感を出したい撮影地だ。

東北新幹線ほか

上野～大宮 ほか

「北とぴあ」展望台から行き来する列車たちを撮影する

眼下を走る新幹線「かがやき」、右に見える飛鳥山公園は桜の名所、3月下旬から4月上旬には見ごろになる。[28㎜　4月上旬]

王子駅に近い北区の施設の「北とぴあ」、17階には展望ロビー（8時30分～22時に開館）があって数々の線路を見ることができる。東北新幹線にはJR東日本各地に向かう全部の新幹線が走り、東北本線には上越方面に向かう特急も見ることができる。もちろん京浜東北線などの通勤列車も次々と走る。よく見ると東京さくらトラム（都電荒川線）も見える。いつまでも飽きない場所だが、他のお客さんの邪魔にならないように注意が必要だ。

小田急小田原線

山 川

渋沢～新松田

川沿いの公園から富士山と小田急を撮る

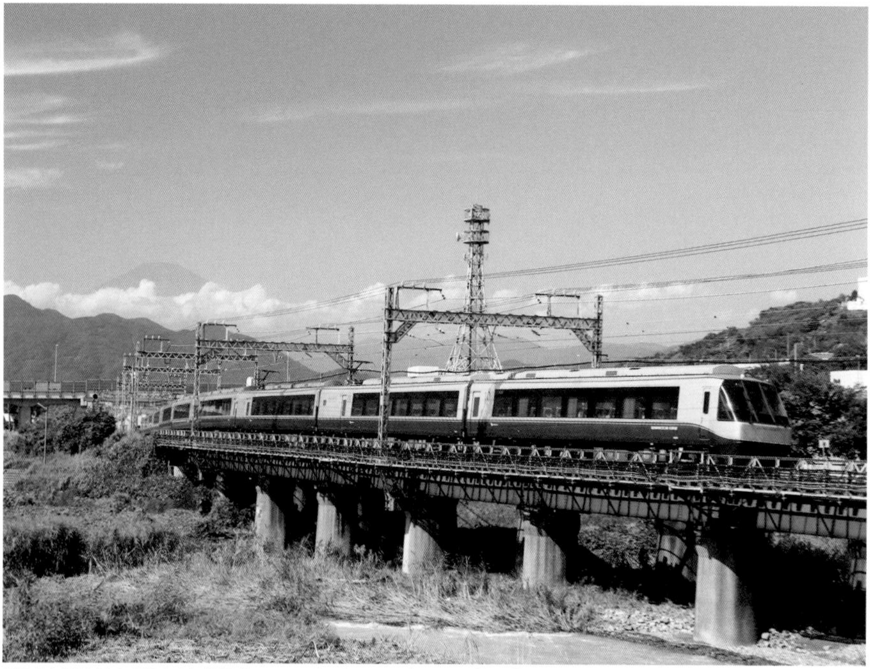

雲の上に頂を見せる富士山と特急「ロマンスカー」EXEα（30000形）。［35mm（APS）　10月上旬］

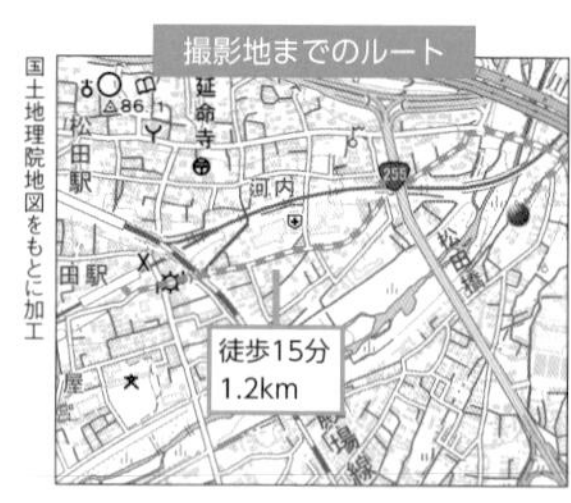

酒匂川の支流の川音川に沿って作られた小さな公園から小田急の鉄橋と富士山を撮影する。普通列車のほか、箱根方面に向かう特急「ロマンスカー」も走ってくるため多彩な車両を撮影することができる。午前中が順光になるが、夕方の空が赤くなり、富士山がシルエットになる時間帯も美しい。

銚子電鉄

本銚子～笠上黒生（かさがみくろはえ）

森のトンネルを抜けるレトロな電車

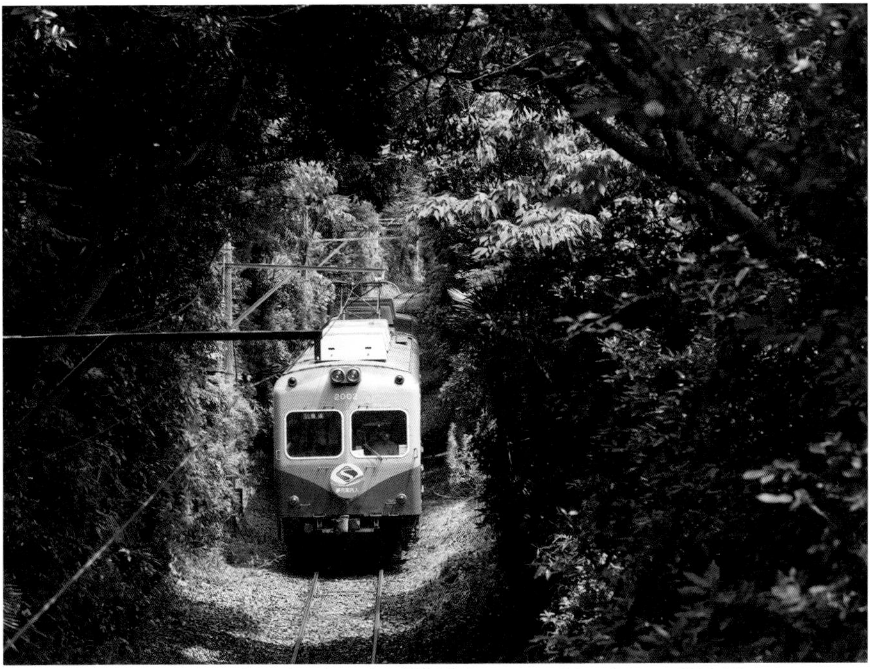

レトロな湘南スタイルの電車は元京王電鉄の車両で伊予鉄道を経由してやってきた。［120㎜　8月上旬］

銚子電鉄はJR銚子駅から犬吠埼（いぬぼうさき）方面に向かって伸びる全長6.4kmの小さなローカル鉄道だ。途中の本銚子駅に降りるとホームの上に人道橋の清愛橋がある。この橋からは上り方面に本銚子駅が、下り方面に森の中を行く列車が見える。この森のトンネルは右側の一部が切れているので、列車が通過するほんの短い時間だけ列車が明るく見えて、暗い森の中に浮かび上がる。この時がシャッターチャンスだ。

鹿島線

延方（のぶかた）～鹿島神宮

北浦に架かる1kmを越える長大橋を狙う

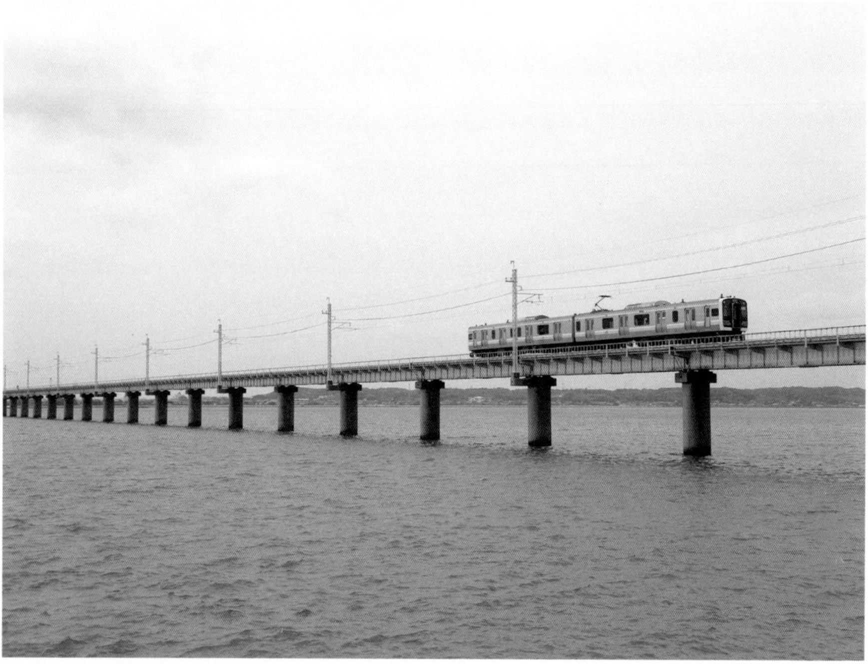

すっきりとした鉄橋を行くE131系電車、短い編成なのでバランスを考えて撮りたい。［40㎜　5月下旬］

琵琶湖に次いで日本第2位の霞ケ浦、その一部である北浦を渡るのが北浦橋梁だ。全長が1kmを越えるガーダー橋で、湖水と共に雄大な風景を撮影することができる。この撮影地は鹿島神宮駅側の橋詰からで、朝が順光で午後早い時間まで列車サイドに陽が当たる。夕方には延方駅側から撮影すると順光になる。こちらのポイントへは駅から約1km。

国土地理院地図をもとに加工

総武本線

物井～佐倉

迫力の列車写真を撮影する総武本線の名撮影地

上り列車は緩やかなカーブを走って行く。［60mm　12月下旬］

この撮影地は物井駅に近く、線路脇に柵がないためすっきりとした写真を撮影することができる。午前中は上り列車を緩やかなカーブの内側から撮影できる。線路に近づきすぎないように注意が必要だ。また午後になると付近にある踏切から、直線を走る上り列車を順光で撮影できる。この区間は成田線から直通する特急「成田エクスプレス」や銚子からの特急「しおさい」などが走って来る。

撮影地までのルート

国土地理院地図をもとに加工

いすみ鉄道

新田野〜上総東 桜並木に沿って菜の花色の気動車が走る

見事な桜並木と菜の花が美しい。例年見ごろは都心より少し遅い4月上旬ごろ。［150㎜（APS） 4月上旬］

ルートはQRもCHECK!

菜の花と桜がいっぱいのいすみ鉄道、春にはたくさんの観光客やカメラマンが集まる。この撮影地は坂道を登る築堤を行く列車と線路に沿って続く桜と菜の花を撮影することができる。望遠レンズで桜を圧縮してにぎやかに撮影したり、広角で空を入れて広々撮るなど自由なアングルが狙える。土曜日には国鉄型のキハ52形で運転される急行列車も走る。

小湊鐵道

上総大久保駅付近 昔懐かしいディーゼルカーと小さなローカル駅

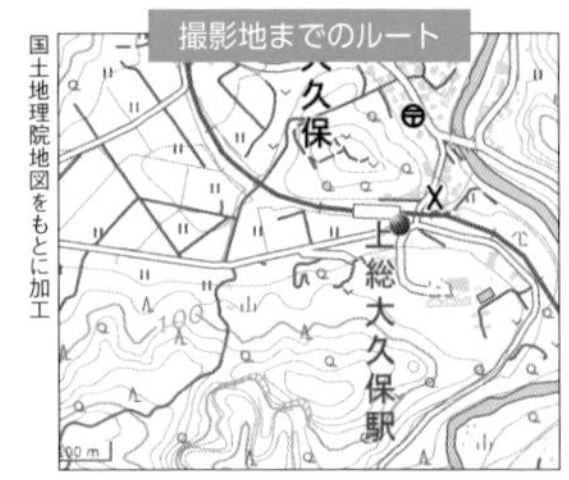

上総大久保駅に停車するキハ200形ディーゼルカー。［65㎜ 4月中旬］

ルートはQRもCHECK!

房総半島の中央部に向かって走る小湊鐵道、オリジナルの車両ながら国鉄型に似たレトロなディーゼルカーや、JR東日本から譲渡されたキハ40系が走るローカル線だ。上総大久保駅は小さなホームと待合室の小さな駅で、背景には大きな桜の木がある。駅前の踏切付近から停車中の列車をじっくりと撮影できる。近くには広々とした菜の花畑もあるので撮影してみたい。

内房線

上総湊～竹岡 青空の中、湊川河口に架かる青い橋梁を撮影する

湊川橋梁を行くE257系特急「新宿さざなみ」。［50mm　1月下旬］

国土地理院地図をもとに加工

ルートはQRもCHECK!

東京湾へ流れ込む湊川、その河口付近に架かる湊川橋梁を撮影する。青い空に溶け込む青い鉄橋で、走る列車がよく目立つのも魅力だ。鉄橋近くの川は両側に道があるので、上り方向下り方向で鉄橋近くから見上げたり、サイド気味に撮影するなど自由にアングルを決められる。写真は下り側の岸で線路から離れてサイド気味に狙った。

久留里線

上総清川～東清川 久留里線、意外な場所から富士山と鉄道の風景を狙う

空気の澄んだ冬の朝、駅の真後ろに大きく富士山が見える。［180mm（APS）　1月下旬］

国土地理院地図をもとに加工

ルートはQRもCHECK!

上総清川駅から富士山の山頂までは直線距離でも100kmを優に超える位置にある。駅近くの道路のオーバークロスから見ると、見事なほど真後ろにそびえる富士山を見ることができる。この位置からだと東京湾を挟んだ位置関係にあるので、少しでも気温が上がると霞んでほとんど見えなくなる。冬の空気がすっきりと澄んだ日の朝訪れたい。

京急久里浜線

堀ノ内駅付近 東京湾と京浜急行を合わせて撮れる貴重な撮影ポイント

国土地理院地図をもとに加工

奥を走る列車は本線、手前右の列車は久里浜線だ。午後が順光になる。［100㎜　4月中旬］

ルートはQRもCHECK!

地図を見ると東京湾岸に沿って敷かれているように見える京浜急行だが、実際に海といっしょに撮影できる場所は少ない。このポイントは海バックで京浜急行を狙うことができる。住宅地にある小さな公園近くにある階段の上部が撮影地だ。堀ノ内駅は三崎口駅に向かう久里浜線と浦賀駅に向かう本線が分岐する駅で、運が良ければ両線を走る列車を同時に撮影することもできる。

江ノ島電鉄

江ノ島～腰越 「電車接近」商店街の真ん中を江ノ電が行く

国土地理院地図をもとに加工

路面区間を走る江ノ電車両、どこか昭和を感じる風景だ。［28㎜　2月中旬］

ルートはQRもCHECK!

藤沢と鎌倉を結ぶ江ノ島電鉄、通称「江ノ電」。地元の足だけでなく観光客の足としても活躍している。鎌倉駅を出発した電車は一見踏切のような交差点で道路に進入し、隣の腰越駅近くまで約500mの路面区間を走る。電車が近づくと周辺の車が避けて待つ姿も、ほのぼのとして良い感じだ。

東海道本線

根府川～真鶴

相模湾を眺めて鉄道撮影名所の白糸川橋梁を行く

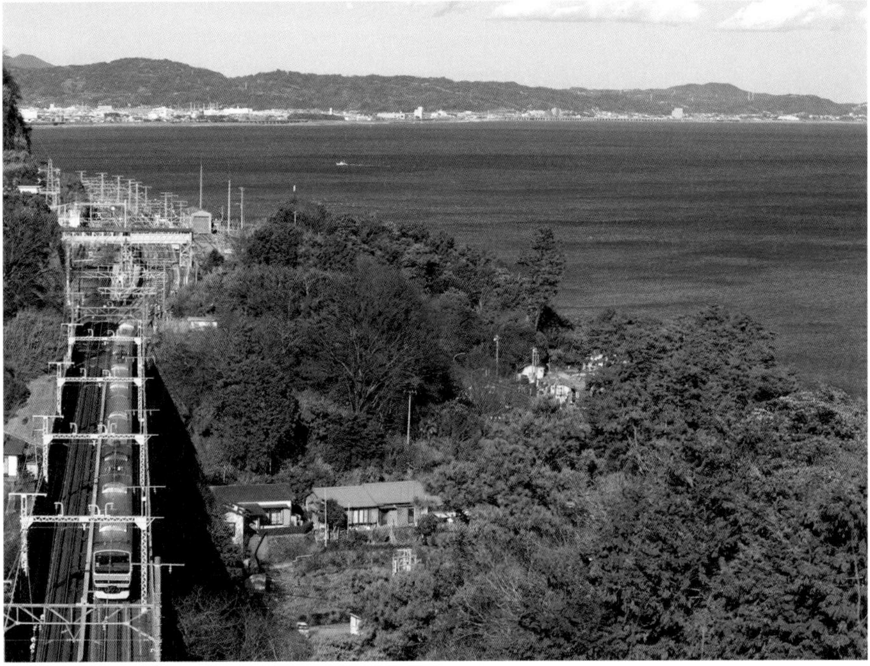

根府川駅を出発して白糸川橋梁に差し掛かる普通列車、特急「踊り子」などの優等列車も走る。［100㎜　1月下旬］

駅のホームからも相模湾が見渡せる根府川駅。すぐ横に白糸川橋梁がある。かつては鉄橋サイドから海を入れるアングルが撮れたのだが、防風柵が付いたために撮りにくくなってしまった。現在でも駅対岸にあるみかん畑の道から鉄橋の正面を見下ろして撮影することができる。海を大きく入れた風景重視のアングルを撮ってみたい。

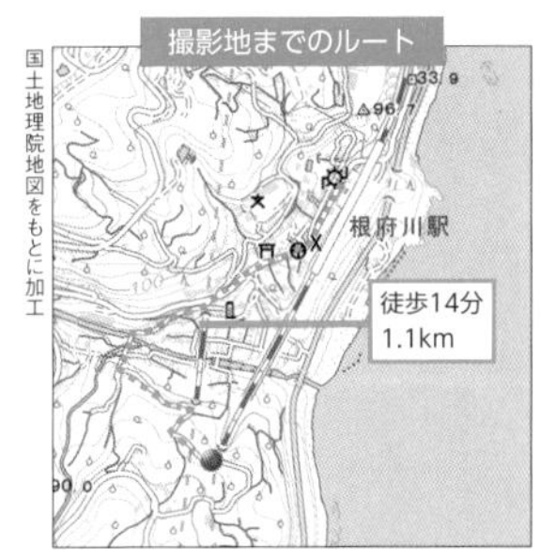

御殿場線

山北～谷峨（やが）

元複線区間の切り通しと線路両側の見事な桜並木の風景

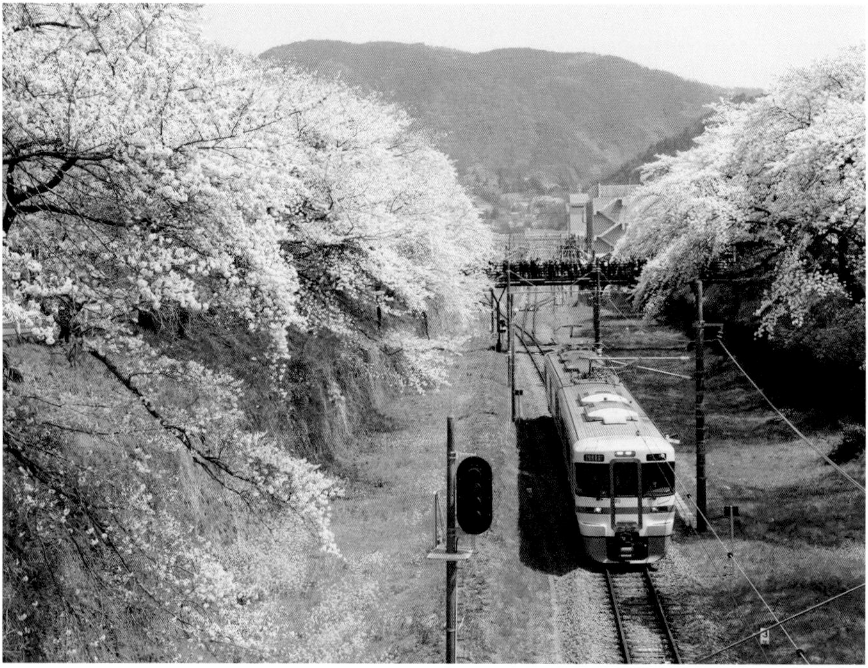

桜並木に見送られて普通電車が走る。桜の見ごろは例年3月下旬～4月上旬。［60mm　4月上旬］

御殿場線の歴史を紐解くと、1889（明治22）年に東海道本線の一部として開業して、1934（昭和9）年に丹那トンネルが開通したことにより御殿場線となり、第2次世界大戦中に複線だった線路が単線になった。このポイントは御殿場線が複線だったころの名残で線路まわりが広く、そこに垂れ下がるような桜の花が見事に咲く。撮影地はこの切り通しに架かる2本の道からで、どちらからでも美しいアングルになる。

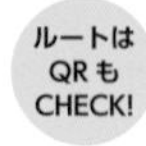

第３章

甲信越・北陸編

中央本線

川 他

鳥沢～猿橋

巨大な新桂川橋梁ですっきりとした列車写真を撮る

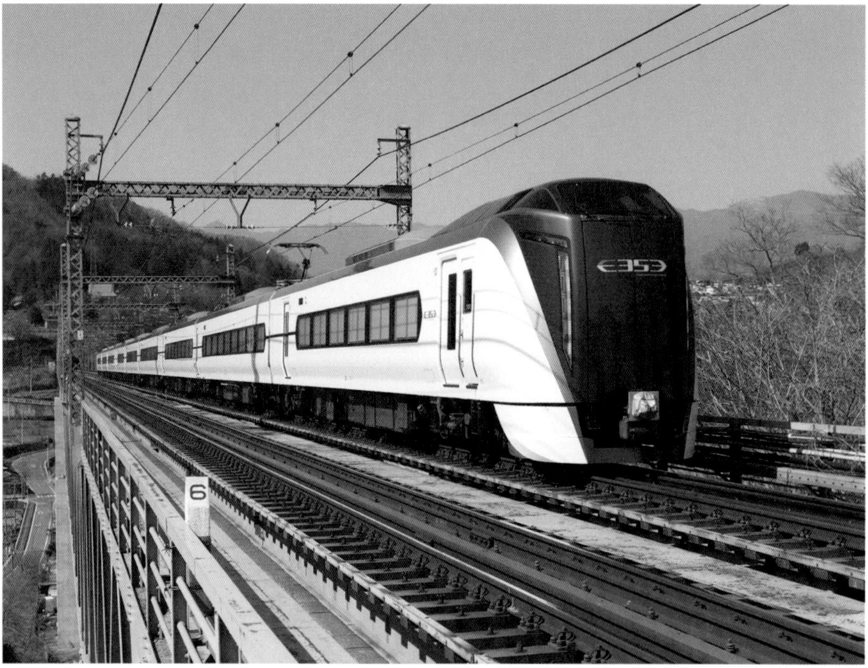

鉄橋上の直線を駆け抜けるE353系の特急「あずさ」。［35mm（APS） 3月上旬］

山中湖に端を発した桂川は、山梨県と神奈川県の県境で相模川と名前を変えて相模湾へと注ぐ。鳥沢駅近くには桂川の作った深い谷に架かる500mを越す長大な橋梁がある。この上り側の橋詰からは鉄橋上を走る列車のアップを撮影できる。望遠から広角までいろいろなアングルで撮影可能だ。撮影地は下り線と近いので柵から出ないように注意が必要。また撮影地近くの階段を下りて行くと、川沿いの道から橋梁をサイドから見上げることができる。

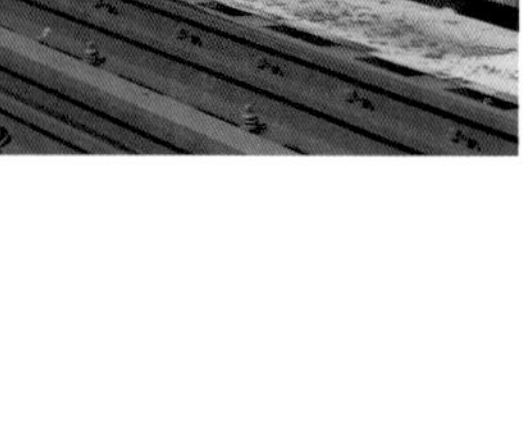

勝沼ぶどう郷～塩山

輝く桜並木とカーブを駆け抜ける特急列車

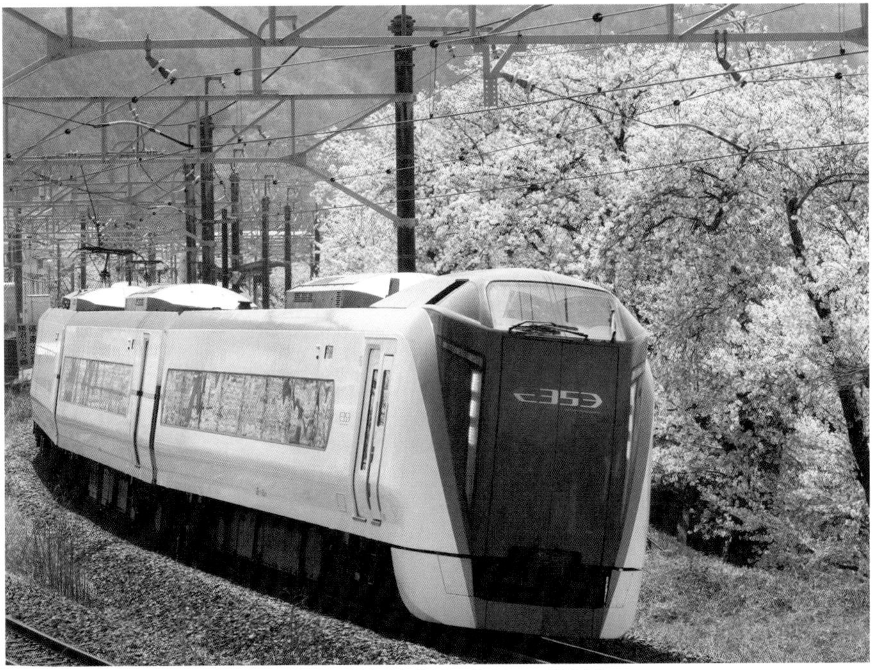

見事な桜並木を眺めながら甲府盆地へと駆け下る特急「あずさ」。［180㎜　4月上旬］

現在の勝沼ぶどう郷駅は、かつて勝沼駅の名でスイッチバックの駅だった。現在のホームと並んで当時のホームが残されている。このホームを中心に植えられた約1000本の桜は甚六桜（じんろくざくら）と呼ばれて親しまれている。この桜並木をバックに勝沼ぶどう郷を通過しカーブを走る列車を撮影するポイント。終日逆光になるので薄曇りの日が狙い目で、後ろからの光で輝く桜と列車を狙いたい。この撮影地はやや高めの金網があるので、網の目または高めの位置から撮影する必要がある。

国土地理院地図をもとに加工

富士山麓電気鉄道（富士急行線）

山

三つ峠～寿（ことぶき）

富士山をバックに走る多彩な電車を狙う

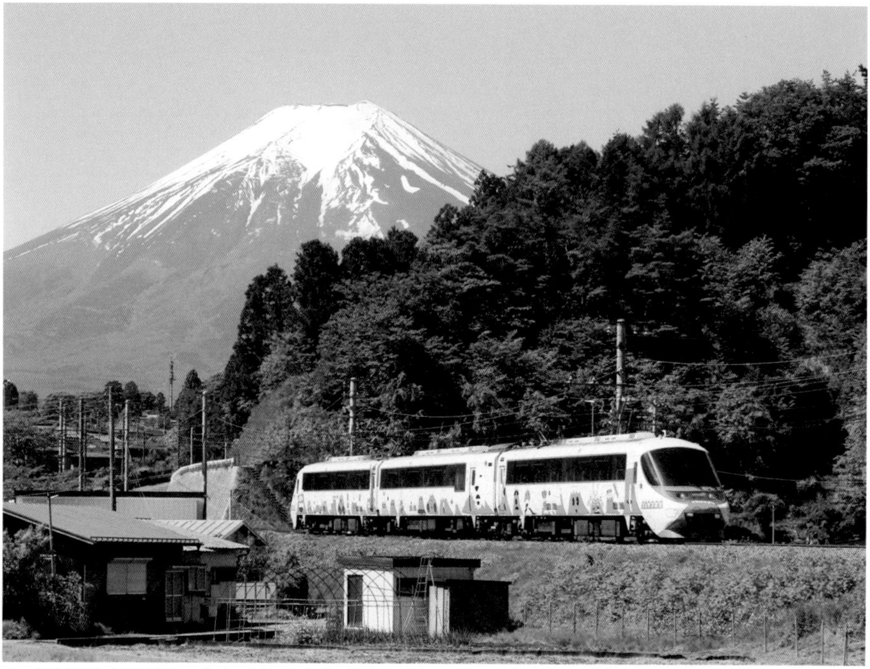

すっきりと晴れた日の富士山をバックに「フジサン特急」が走る。［65mm（APS）　5月中旬］

富士山に一番近い鉄道、富士急行線で富士山をバックに撮影をする。車が通れる程度の細めの道から工場の駐車場越しに撮影をする。工場の敷地に入ったり、出入りする車の邪魔にならないように注意してほしい。ここを走る列車は、JR京葉線などを走っていた元205系の6000系電車や「フジサン特急」、観光列車の「富士山ビュー特急」のほか、JRから乗り入れてくる特急「富士回遊」などで、多彩な列車が撮影できる。

国土地理院地図をもとに加工

小海線

馬流～高岩 筆岩踏切から奇岩バックのカーブを撮る

ルートはQRもCHECK!

すっきりとしたカーブを行くキハ110系の普通列車。［40㎜（APS） 4月下旬］

小海線の名撮影地は多いが、駅から遠いのが難点だ。駅からも近く、すっきりとしたカーブを撮れるのが筆岩踏切だ。背景には切り立った岩の山があってアクセントになっている。アウトカーブ側からは午前中が順光、陽が回った後はインカーブ側からも山をバックにしたアングルで撮ることができる。また線路と並んでいる道からも列車のサイドが撮れる。

アルピコ交通

新村～三溝 北アルプスの山へと向かって急勾配を行く

ルートはQRもCHECK!

乗鞍岳方向に太陽が沈むと、カーブを行く列車が輝いた。［16㎜（APS） 10月下旬］

松本駅から上高地への玄関口の新島々(しんしましま)駅に向かって急勾配を登り続けるのがアルピコ交通上高地線だ。車両基地のある新村駅近くには田んぼのなかに大きなカーブがあって、背景に山を入れて撮影ができる。秋～冬の夕方には夕陽に輝く姿を狙える。きれいに光らせるには、カーブに沿って歩き、ちょうど車両が光る場所を探して撮影しよう。

大糸線

信濃森上～白馬大池

輝く八方尾根のパノラマと大糸線の列車を撮る

田んぼに早苗が並んだころ、八方尾根の山々の残雪が光る。［40㎜（APS）　5月下旬］

八方尾根の山々を背に走る列車を撮影できるスポット。雪が積もっている山は存在感が強く出るので、秋から初夏の期間がおすすめだ。午前中早い時間の光線状態が良い。普通列車のほか新宿駅から走る特急「あずさ」も走るが通過が昼前のため、やや逆光気味になる。特急だけでなく、少し早めに行って普通列車も撮影したい。

大糸線

中土～北小谷（きたおたり）

山深い姫川の渓谷を行く非電化ローカル線

深い山々の間にステンレス車両が光る。紅葉の見ごろは11月上旬。［24mm　11月上旬］

大糸線は松本～南小谷間が電化されて、新宿駅からの直通特急も乗り入れてくるが、南小谷～糸魚川間は1両編成のディーゼルカーが走るローカル線だ。列車本数が少ないので、しっかり計画をしてから撮影をしたい。撮影地までの道はダンプカーが多いので歩くときには十分注意してほしい。光線状態は午前中が順光になる。

撮影地までのルート

国土地理院地図をもとに加工

しなの鉄道しなの線

山

御代田～平原

高原野菜畑から浅間山の雄姿を見る

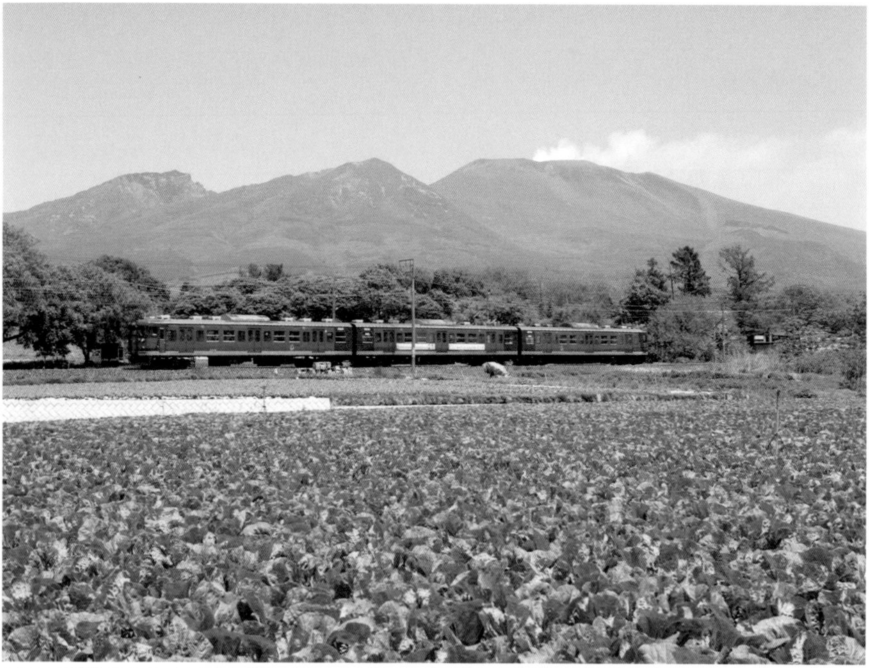

煙を上げる浅間山をバックにしなの鉄道オリジナル塗装の115系が走る。［50㎜　6月上旬］

元々は信越本線だったしなの鉄道。JR時代からの名撮影地で浅間山バックの写真が撮影できる。撮影場所が野菜畑の農道なので、作業の邪魔にならないように注意をしながら撮影したい。しなの鉄道には国鉄時代から走る115系電車が走っている。近年新型車両のSR1系が導入されているので、早いうちに懐かしの電車を撮影したい。

しなの鉄道北しなの線

山 田

古間～黒姫

黒姫山をバックに走るしなの鉄道の電車

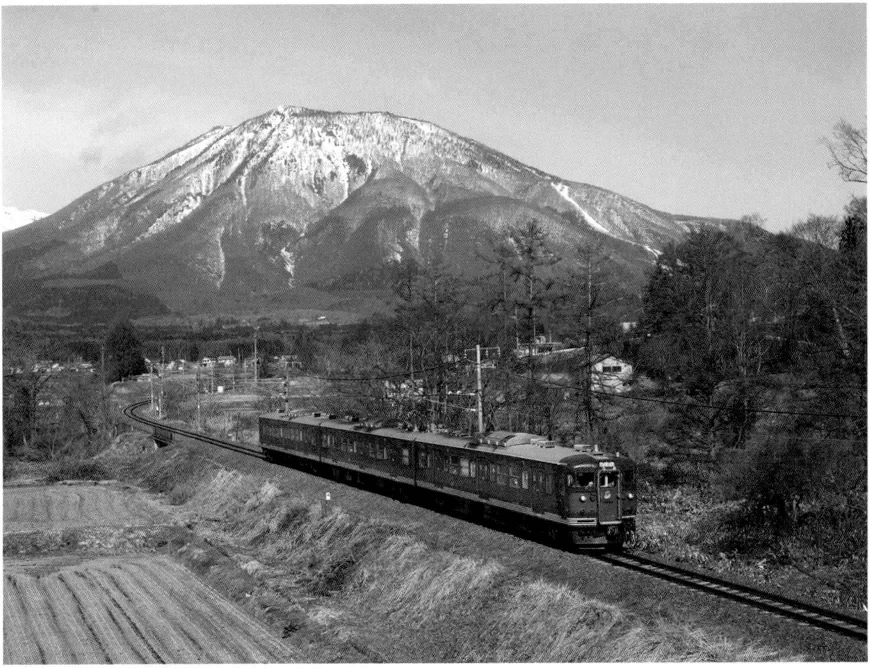

田植えが始まる前、残雪の黒姫山をバックに115系が走る。［50㎜　4月中旬］

美しい稜線の黒姫山、そのスタイルから信濃富士とも呼ばれている。この山をバックに国道の旧道から列車を見下ろして撮影する。山に雪が残る時期や緑豊かな夏の時期など四季を通じて美しい撮影地だ。山と線路のバランスが良いのもありがたい。午前中が順光になる。

長野電鉄

山　川

信濃竹原～夜間瀬（よませ）

リンゴ畑の丘陵を見ながら走る私鉄特急

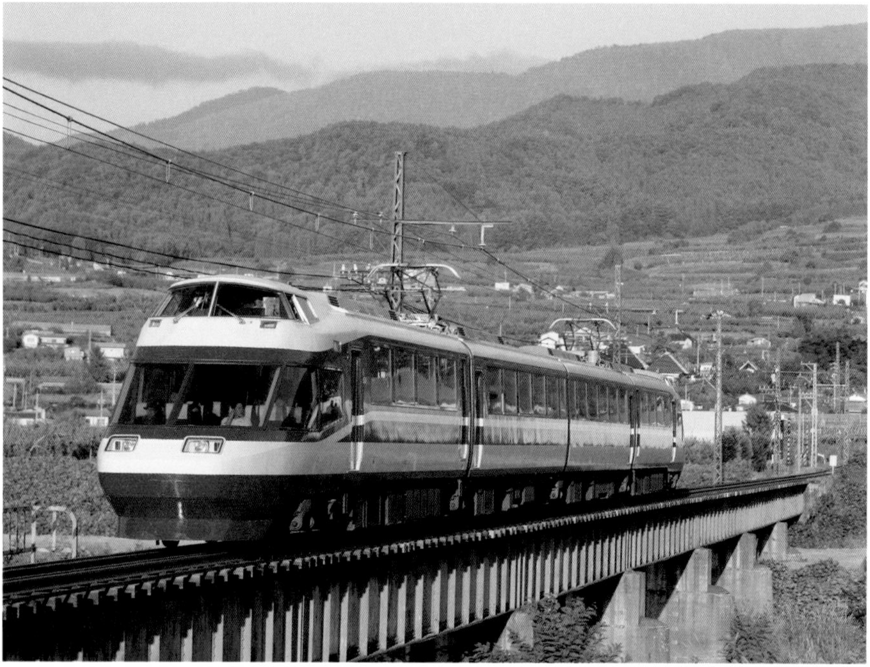

午後の光の中、元小田急ロマンスカーの特急「ゆけむり」がやってきた。［100㎜　10月下旬］

長野駅から山裾の湯田中駅までを結ぶ長野電鉄。終点の湯田中駅は歴史ある温泉地の湯田中渋温泉郷の玄関口になっているため、普通列車のほか特急「ゆけむり」と特急「スノーモンキー」が乗り入れている。「ゆけむり」は元小田急ロマンスカーの車両で「スノーモンキー」は元「成田エクスプレス」の車両だ。この車両を鉄橋上ですっきりと撮影できるのがこの撮影地だ。背景には広々としたリンゴ畑が見える。鉄橋の対岸や南側の少し離れた道路橋からサイドアングルなども狙うことが出来る。

国土地理院地図をもとに加工

飯山線

山 川

横倉～森宮野原

千曲(ちくま)川に沿って走る飯山線の絶景風景を撮る

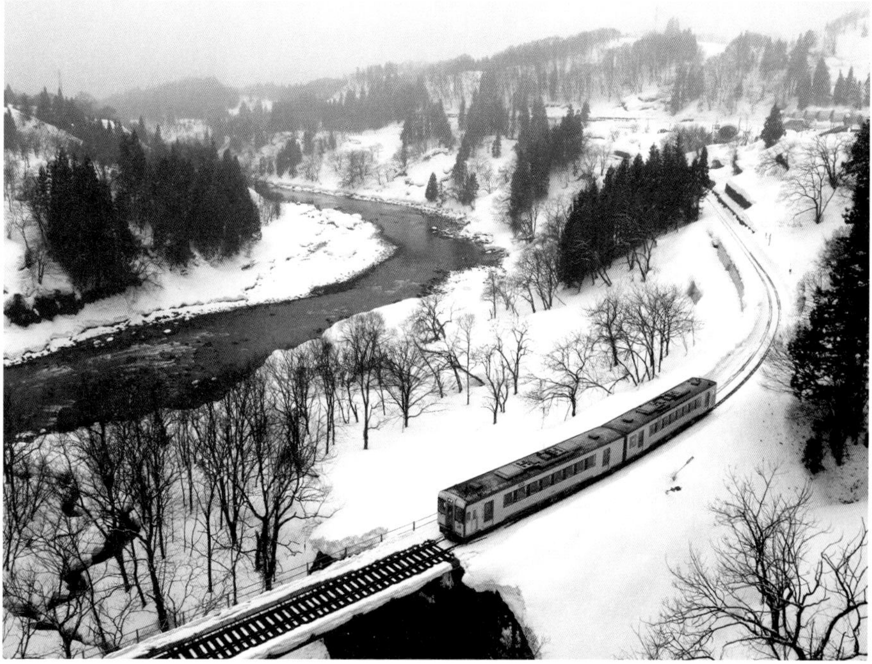

冬の千曲川を眺めて走るキハ110系の普通列車。［16㎜　2月下旬］

日本一長い信濃川は長野県内では千曲川と呼ばれている。大きく蛇行しながら流れる川と列車を国道の橋から俯瞰して撮影する。光線状態はほぼ逆光になるので、曇りや薄曇りの日に訪れたい撮影地だ。また、森宮野原駅近くで線路と国道が交差する付近からは駅ホームが望遠レンズで撮影できるので、こちらも狙いたいアングルだ。

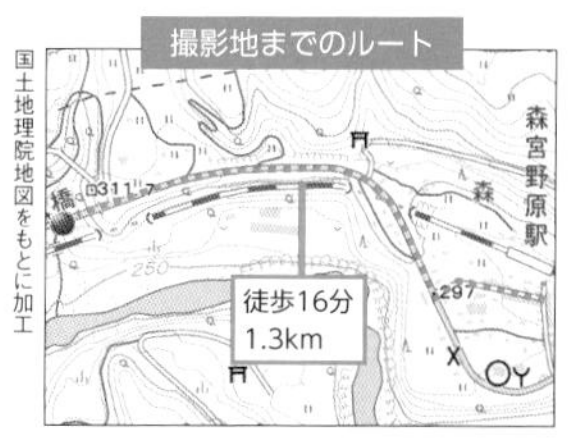

信越本線

青海川～鯨波（くじらなみ）

青い日本海を見ながら走る本線の列車群を撮る

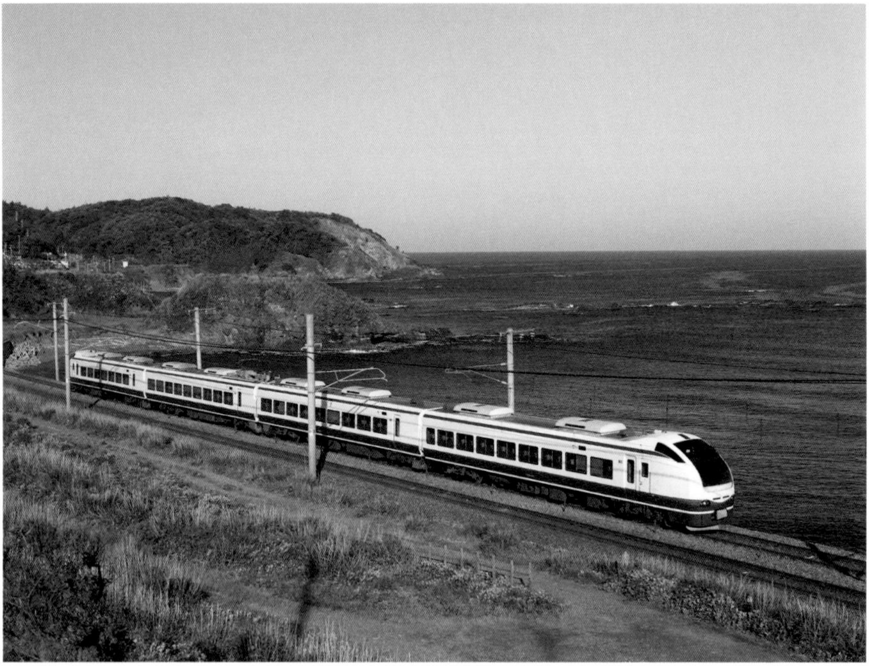

青い海に白が基調のカラーリングの特急「しらゆき」が美しい。［28㎜（APS）　5月中旬］

日本海ぎりぎりの場所に敷かれた信越本線を撮影するポイント。水平線と岩場のバランスが良いのもうれしい。優等列車は特急「しらゆき」で、その名の通りの白い車体が青い海に良く映える。普通列車のほか、日本海縦貫線の貨物列車も走っているので狙ってみたい被写体だ。この場所から青海川方面に歩くと上り列車の撮影地や、岩場に近い撮影地などもあるので、こちらも撮影してみたい。

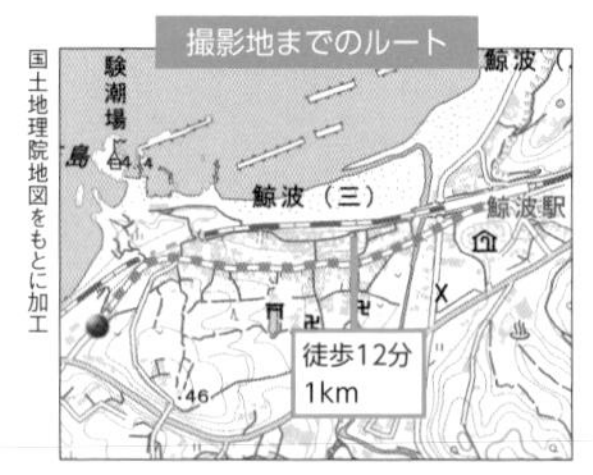

越後線

分水～寺泊 大河津分水路橋梁と桜並木の風景を行く

国土地理院地図をもとに加工

ルートはQRもCHECK!

きれいに花をつけた桜並木と堤の緑の風景の中を列車が通り過ぎる。[50㎜（APS）　4月中旬]

大河津分水は信濃川の水量を調整するために作られた人工の川だ。この川の堤には見事な桜並木があって、鉄橋を走る列車と合わせて撮影することができる。桜の季節以外でも、この橋梁は川の流路の上だけがオーバートラス橋で、それ以外はアンダーガーダー橋の組み合わせで列車のアップを狙うこともできる。

弥彦線

弥彦駅付近 桜に囲まれた行き止まりの駅を撮影する

国土地理院地図をもとに加工

ルートはQRもCHECK!

弥彦駅に進入する普通列車、線路が終わる車止め近くの道路から撮影した。[300㎜（APS）　4月中旬]

越後一宮彌彦神社への参宮鉄道として敷かれた弥彦線、弥彦駅は神社を模した作りになっている。駅周辺は桜に囲まれていて、例年4月中旬には美しい花をつける。列車によっては弥彦駅で長時間停車するので、この列車を狙えばホーム停車列車を撮影してから乗車することもできる。

えちごトキめき鉄道妙高はねうまライン

二本木駅付近

元信越本線のスイッチバック駅を撮影する

直江津方面の列車がホームに向かって走る。ホームには停車中の観光列車「雪月花」が見える。［80mm（APS） 4月下旬］

現在もスイッチバックが残る二本木駅、駅のホームと本線を合わせて撮影できるポイント。撮影地は線路に沿った小路からで右側の直江津方面の本線と左側の駅ホームが入るようにアングルを決めたい。二本木駅のホームには、入線してくる列車が見られる展望スペースがある。列車によっては妙高高原方面から来た列車と、直江津方面から引き込み線に入りバックでホームに向かう列車が同時に走って来る姿も見ることができるので狙ってみたい。

撮影地までのルート

国土地理院地図をもとに加工

篠ノ井線

姨捨～稲荷山

日本三大車窓のひとつ善光寺平を眺めて走る

善光寺平を見て走る特急「しなの」、盆地はガスで白くなりやすいので空気の澄んだ日に狙いたい。［28㎜（APS）　9月下旬］

撮影地までのルート

善光寺平とも呼ばれる長野盆地、篠ノ井線の下り列車は盆地のへりにある姨捨駅を過ぎてから一気に駆け下りて行く。姨捨駅に近い撮影地からは、日本三大車窓のひとつである雄大な風景の中を走る列車が撮影できる。このポイントの近くからはスイッチバックの姨捨駅ホームを正面から撮影できるので、こちらも狙ってみたい。

あいの風とやま鉄道

山 田

東滑川(ひがしなめりかわ)~魚津

残雪の立山連峰を背に第3セクター鉄道を撮る

あいの風とやま鉄道の観光列車「一万三千尺物語」が立山連峰をバックに走る。［100㎜　4月中旬］

撮影地までのルート

国土地理院地図をもとに加工

北陸本線時代の名撮影地だった区間で、現在もすっきりとした築堤とバックの立山連峰が美しい。この撮影地は午後が順光になるが、午後になっても立山連峰がきれいに見えるような空気の澄んだ晴れの日に訪れたい。4月中旬、近くの田んぼに水が入って風のない日には水鏡になる。またこの撮影地から近い早月川の対岸辺りにはチューリップ畑があって、やはり4月中旬に花をつける。

富山地方鉄道立山線

千垣〜有峰口

常願寺川の作る渓谷を行く富山地方鉄道

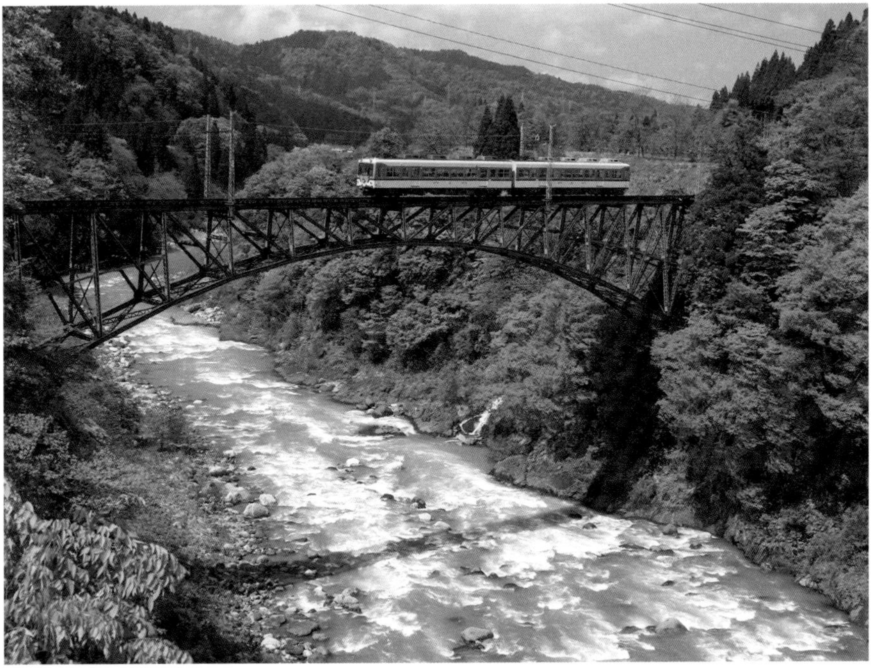

新緑の千垣鉄橋をレトロな電車がゆっくりと渡って行く。［28㎜（APS）5月上旬］

背景の立山連峰、長い橋梁、広々とした水田やチューリップ畑など美しい風景を走る富山地方鉄道。その中でも急流常念寺川を渡る千垣橋梁では、ダイナミックな絶景を見せてくれる。撮影地は鉄橋と並んで設置されている道路橋からで、アーチ型の鉄橋のアップや、広角レンズで強い流れの川面を入れるなど、いろいろなアングルを選べる。新緑のほか、雪景色や紅葉など季節それぞれに美しい写真を狙えるポイントだ。

氷見線

山 海

越中国分～雨晴（あまはらし）

穏やかな富山湾と残雪の立山連峰、氷見線の春の風景

パーキングスペース付近から見た富山湾と氷見線の上り列車。海に浮かぶ岩は雨晴海岸のシンボル女岩だ。［24mm（APS）4月中旬］

氷見線はあいの風とやま鉄道の高岡駅から能登半島の東側を通り、行き止まりの氷見駅までのローカル線だ。途中雨晴駅付近では、波穏やかな富山湾に沿って走る風光明媚な路線として知られている。今では数少なくなったディーゼルカー、キハ40形が走る貴重な路線で、日にち限定の車内で寿司が食べられる観光列車「ベル・モンターニュ・エ・メール～べるもんた～」も走っている。撮影地は線路近くにあるパーキングスペース付近からだ。近年撮影地付近に道の駅もできたので、休憩にも使える。また、この道の駅の展望デッキからも列車が見える。

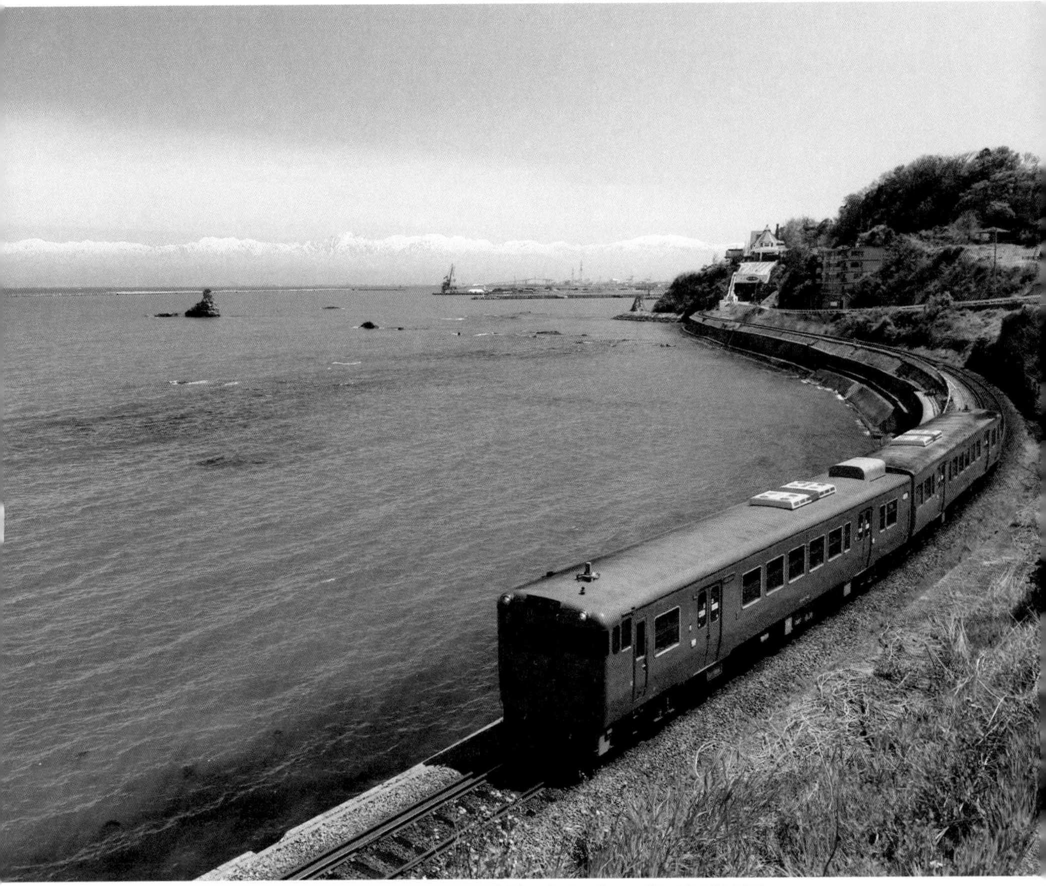

富山湾の向こうに立山連峰が見える。午後になると山が順光になる。［16㎜（APS）4月中旬］

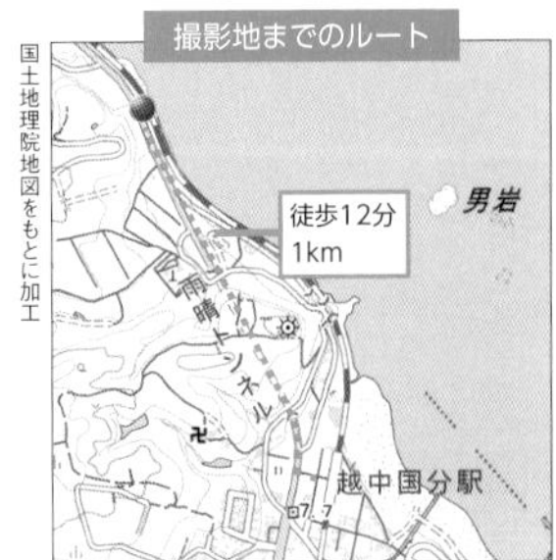

北陸鉄道石川線

山

道法寺～井口（いのくち）

白山連峰に向かって走る金沢のローカル私鉄

山々をバックに元東急7000系の7100系が走って来た。［350㎜　4月中旬］

北陸鉄道は金沢を中心とするローカル私鉄で、海側を走る浅野川線と山へと向かう石川線の2路線がある。石川線の終点が近づくと山々が迫り始める。田んぼの向こうを走る列車と遠くにそびえる白山連峰の鉄道風景写真を撮影することができるポイントだ。

のと鉄道

西岸〜能登鹿島

七尾湾の入江と能登島の風景を行く

のと鉄道の代表的な風景の中、観光列車「のと里山里海号」がゆっくりと現れた。［50㎜（APS）　5月中旬］

能登半島の西側に敷かれたのと鉄道、多くの区間を内海の七尾湾に沿って走る。車窓からも穏やかな海が見え隠れするが、一番のビューポイントなのがこの区間だ。海越しに見えるのが能登島で、写真右上には能登半島と能登島を結ぶツインブリッジ能登（中能登農道橋）が見える。週末などには観光列車「のと里山里海号」が走り、この区間では一旦停車して風景をゆっくりと見せてくれる。

撮影地までのルート

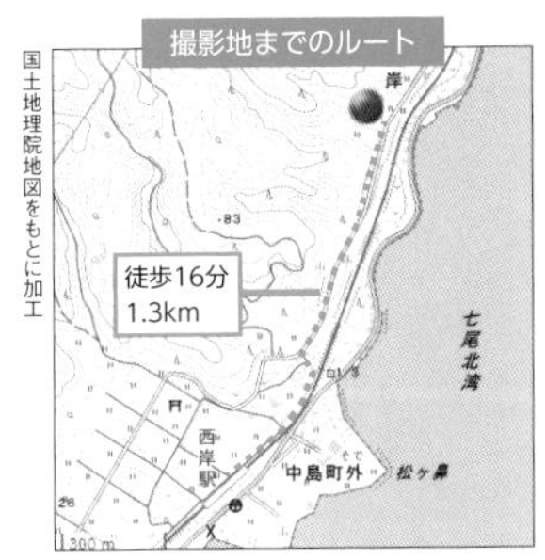

国土地理院地図をもとに加工

えちぜん鉄道三国芦原線

三国港駅付近 レンガ造りの眼鏡橋をくぐる列車を駅前から狙う

夕方の光に照らされて走るMC7000形、元はJR飯田線を走っていた119系だ。［180mm（APS） 4月下旬］

ルートはQRもCHECK!

えちぜん鉄道三国芦原（あわら）線の終点は三国港駅、駅前の道を挟んで越前ガニで有名な三国漁港が見える駅だ。駅前から上り方面を見るとトンネルにも見える石組みとレンガで作られたの眼鏡橋が見える。大正初期に作られた歴史的な建造物で、美しい姿を現代に伝えている。午後が順光になるが遅くなると影に入ってしまうので注意が必要だ。

福井鉄道福武線

仁愛女子高校~田原町 福井鉄道の路面区間を走る列車を歩道橋から撮影する

路面区間で直線から駅に入るカーブまで見渡すことができる。［70mm（APS） 4月下旬］

ルートはQRもCHECK!

武生駅から三国港駅まで約21kmのうち、福井の中心部の約2.5km（商工会議所前～田原町間）の区間は路面を走る電車を見ることができる。終点の田原町駅前にある歩道橋からは、道路を走る列車を正面から撮ることができる。同じ歩道橋から逆方向を見ると田原町で接続するえちぜん鉄道の踏切も見下ろせる。

越美北線

花

勝原(かどはら)駅付近

山あいを行く車窓に突然現れる桃源郷、花桃の里の無人駅

花桃が咲くのは例年4月中旬、周辺の木々も新緑が始まる季節だ。［150㎜　4月中旬］

福井県のローカル線の越美北線、越前大野の平野を抜けると深い山に分け入って行く。勝原駅に近づくと車窓はピンク色の花でいっぱいになる。この花桃は駅近くで民宿を開いていたお母さんが1本づつ種から育てて植えたものだ。年々花桃の木が増えて現在では約150本にもなっている。写真は駅下り側のトンネル付近から撮影した。花の季節には観光客でいっぱいになるので、人も込みの風景として撮影したい。

撮影地までのルート

国土地理院地図をもとに加工

北陸本線

南今庄～今庄

2024年春に第3セクター化、残り少ない期間で特急街道を狙う

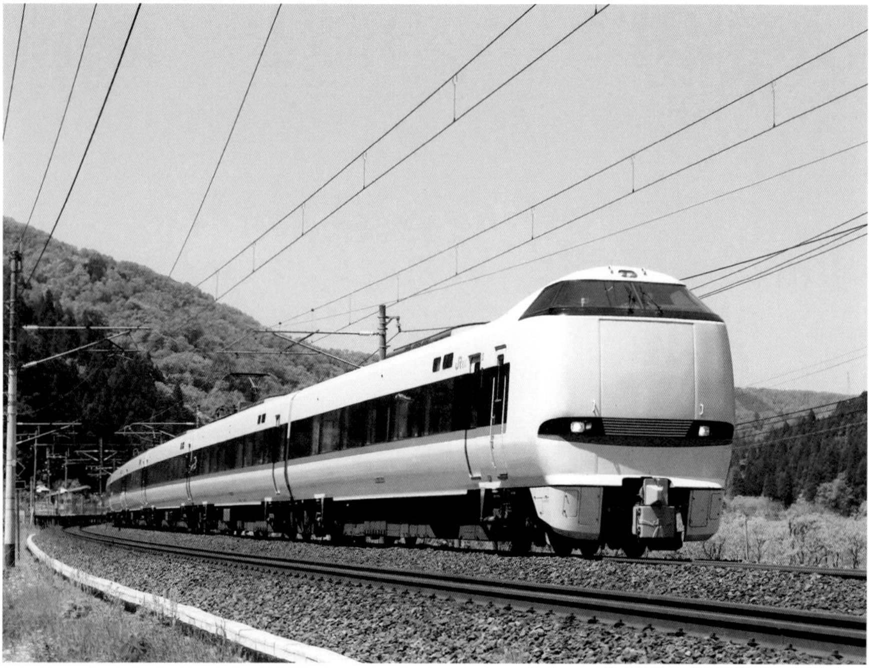

大きなカーブを行く特急「サンダーバード」、この姿が見られるのももうすぐ終わりだ。［50㎜（APS）　5月上旬］

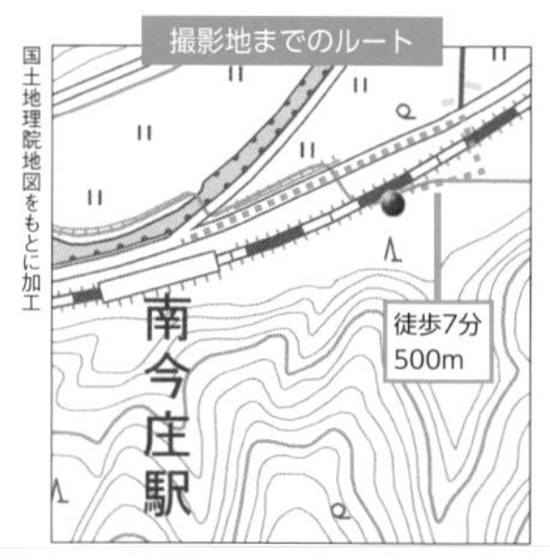

特急「サンダーバード」や特急「しらさぎ」など優等列車が次々と走って行くこの区間、2024年の春には北陸新幹線の敦賀延伸とともに第3セクター化されて列車本数も少なくなる予定だ。南今庄駅を通過して大きなカーブに差し掛かる姿を撮影するポイントで、線路をくぐり山に向かう農道からの撮影。同じポイントから下り側を見るとトンネルを出て直線を走る列車も撮影できる。

第 4 章

東海 編

伊豆急行

伊豆大川～伊豆北川

高台の鉄橋から相模灘を見渡して走る伊豆急行

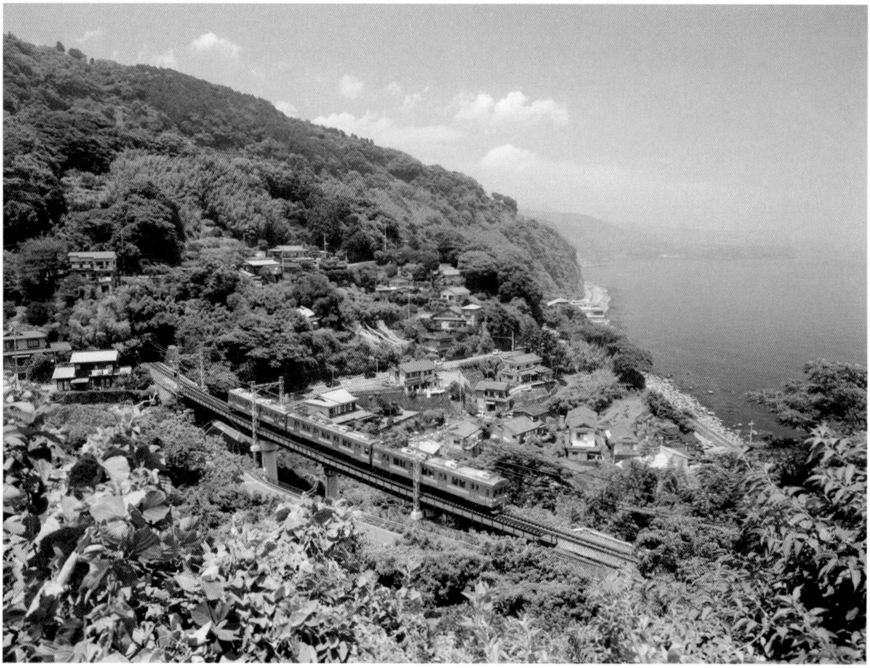

鉄橋を行くのは東急電鉄から譲渡された8000系で運転されている普通列車。［24mm　7月上旬］

撮影地までのルート

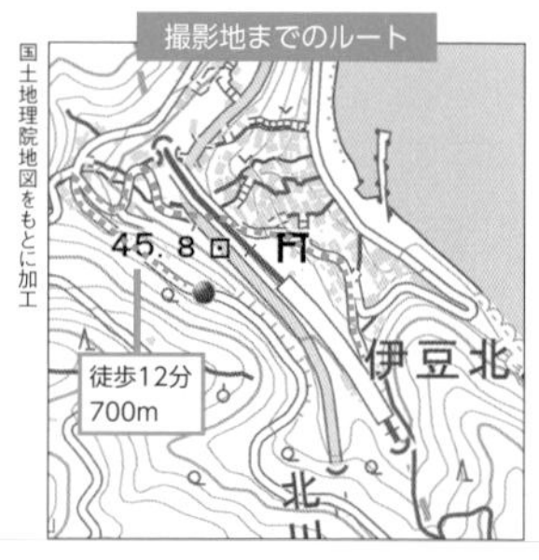

国土地理院地図をもとに加工

伊豆半島の東側に敷かれた伊豆急行、温泉地として知られる伊豆北川駅付近では高台を走る。山の中の細い道からはトンネルを出て、国道を越える鉄橋を見下ろすことができ、ワイドレンズで撮影すると相模灘も入れることができる。この撮影地は近年道路近くの木が伸びてきているので、工夫をして撮影をしたい。

伊豆箱根鉄道駿豆線

山

三島二日町〜大場

富士山を背にカーブを行く列車を撮影する

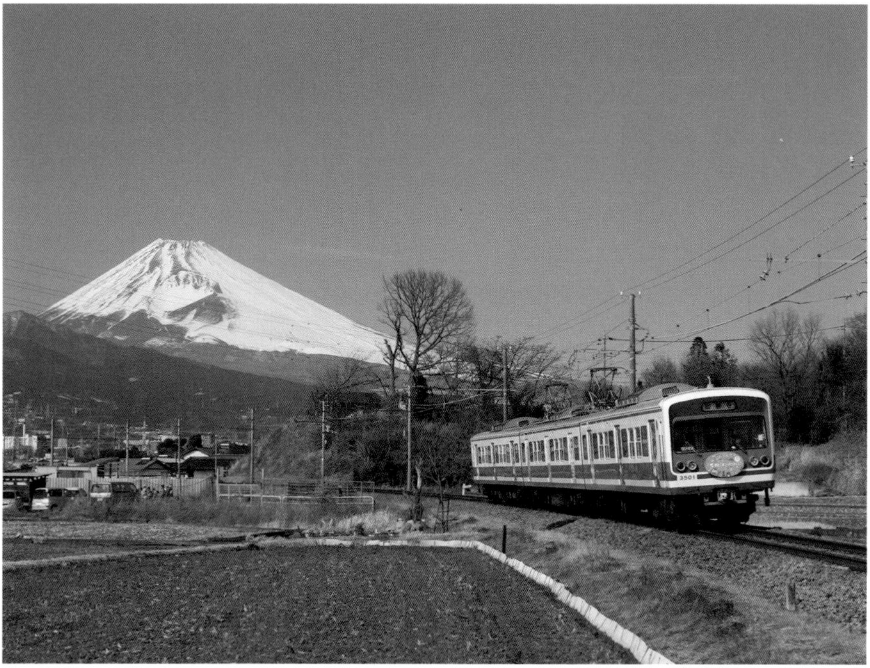

カーブを走る伊豆箱根鉄道の普通列車、3000系はオリジナル車両だ。［50㎜（APS）　2月中旬］

伊豆箱根鉄道駿豆（すんず）線はJR東海道本線に接続する三島駅から伊豆半島を南下して、温泉の観光地で知られる修善寺へと向かう私鉄だ。観光地が多いため、地方鉄道ではあるが東京方面から特急「踊り子」も乗り入れてくる。この撮影地はカーブの下り側にある踏切近くだ。午前中はアウトカーブが順光、写真のようなインカーブ側は午後が順光になる。

東海道新幹線

三島〜新富士

“富士山と新幹線”有名な定番撮影地

すっきりとした青空の日、富士山をバックにN700Sの「のぞみ」が走る。［70㎜　12月下旬］

背景になる富士山と新幹線をバランスよく撮影できることで有名なポイントだ。岳南電車の須津駅から歩けるのもありがたい。撮影場所は田んぼに沿った道からなので、農作業の邪魔にならないように注意したい。撮影位置とアングルによっては新幹線の先頭部分と遠くに見える新東名高速の白い橋脚が重なり車両のフォルムが見えにくくなる。テスト撮影をして、画像をチェックしてからフレーミングをしたい。また、新幹線をサイドから撮影するためにシャッター速度は1/2000秒以上の高速で切りたい。

東海道本線

富士川～新蒲原 富士川駅を出発した列車を富士山と撮る

ルートはQRもCHECK!

国鉄時代に設計された211系の普通列車も走っている。［100mm 12月下旬］

日本の大動脈である東海道本線で富士山と列車を良いバランスで撮影できる場所が富士川駅近くにある。列車が来るまでは背景に建物が多く乱雑な感じがするが、列車が来るとレンガ造りの倉庫が主な背景になって良い感じになる。架線や電線のビームなども多いので、富士山の山頂が抜けて見えるようにポジションをとりたい。普通列車のほか、身延線直通の特急「ふじかわ」や貨物列車も走るので狙ってみたい。

岳南電車

吉原～ジャトコ前 富士の南を走る元京王電鉄のレトロ車両

ルートはQRもCHECK!

真っ赤な車両は元京王5000系車両、そのほか元井の頭線の車両も走る。［60mm（APS）1月下旬］

岳南電車はその名の通り富士山の南側に位置する鉄道で、各駅のホームから富士山が見える鉄道として有名だ。ただ、街中を走っているために、家や木の間から、ちらっと富士山が見える感じで、これもご愛敬だ。そんな中で大きく富士山を見ることができるのがこの撮影地。レトロな元京王電鉄の車両が走るのも良い感じだ。現在、写真の右端に新しい建物が建ったので、うまく調整してアングルを決めてほしい。

身延線

竪堀～入山瀬　富士山を見ながら走る身延線列車をすっきりと撮る

ローアングルで狙った身延線普通電車、手前の石組も良い感じだ。［50㎜（APS）　1月下旬］

富士山の西側に敷かれた身延線、起点の富士駅にほど近いこの撮影地からは、富士山と鉄橋を行く列車を良い角度で撮影することができる。写真は鉄橋より一段下の道路から撮影したもの。このほか写真に写っている川の堤からも撮影可能だが、背景に工場や高速道路などが写り込む。2両編成の普通列車のほか3両編成の特急「ふじかわ」も走っている。3両の場合は列車の後ろが切れやすいので、長さを考えてアングルを決めよう。

大井川鐵道大井川本線

大和田～家山　桜の名所家山駅で大井川鐵道名物のSL列車を撮る

家山駅を発車したのは、桜の咲く時期に走る臨時列車の急行「さくら号」だ。［100㎜（APS）3月下旬］

大井川に沿って敷かれている大井川鐵道、その沿線には桜の木が多いことでも知られている。家山駅は桜並木のある駅で、駅から上り方向に少し行くと「桜のトンネル」と呼ばれる観光名所もある。家山駅を出発した上り列車を桜とともに撮る撮影地、線路脇の道からの撮影で、桜の咲き具合と列車のバランスを考えながら撮影位置を決めたい。またこの付近から上り側を見ると桜をバックに鉄橋を渡るシーンを正面から撮影することもできる。

大井川鐵道井川線

奥大井湖上駅付近

ダム湖に浮かぶ秘境駅を俯瞰する絶景撮影地

上(ポイント1)／蛇行する長島ダムの湖水、湖に浮かんだ駅のように見える。［30㎜（APS）　8月中旬］
左(ポイント2)／橋を渡った階段からは鉄橋の正面を狙える。［24mm（APS）　8月中旬］

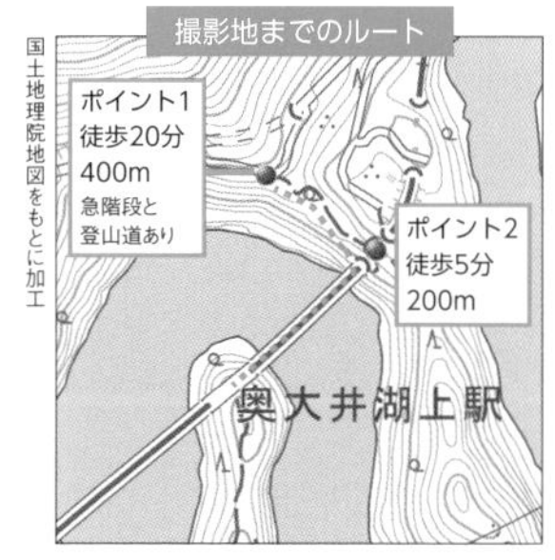

大井川鐵道の千頭駅から南アルプスに向かって山を分け入って行く井川線、ディーゼル機関車と客車はともに小さくてかわいい車両だ。この路線の絶景撮影地が奥大井湖上駅だ。写真の真ん中に見えるのが駅で、もちろん車では近づけない。左側の橋梁に人道橋が併設されているので、この橋を渡り階段でこの高さまで登って来る。少々きつい登りだが十分に価値のある絶景だ。橋を渡りきった階段からは鉄橋の正面と駅を見ることもできる。こちらも狙ってみたいポイントだ。

ルートはQRもCHECK!

ポイント1

ポイント2

静岡鉄道

入江岡～新清水 終点近くの鉄橋を七色の電車が走る

国土地理院地図をもとに加工

朝の光を浴びて終点に近づく新型電車、静かな水面に姿を映す。［24㎜（APS）2月下旬］

ルートはQRもCHECK!

静岡鉄道清水線は清水港に近い新清水駅と静岡の中心部を結ぶ路線で、沿線は街中で列車本数も多いのが特徴だ。列車は近年新型車両になり7色のイメージカラーに塗られて走っている。終点間際の鉄橋では風がない日には川面に列車が映り美しい。この鉄橋は新清水駅の2本のホームにあわせて複線の形になっている。列車によって手前の線路を走るもの、後ろの線路を走るものがあるので注意が必要だ。

天竜浜名湖鉄道

西鹿島（にしかじま）～二俣本町 長大な天竜川橋梁を行く単行のディーゼルカー

国土地理院地図をもとに加工

広めのアングルでバランスをとるため、車両のバックが空になったときにシャッターを切った。［35mm（APS）3月中旬］

ルートはQRもCHECK!

第3セクター鉄道の天竜浜名湖鉄道、通称天浜線は浜名湖にそそぐ天竜川を長い鉄橋で渡る。オーバートラスとアンダーガーダーの組み合わせの橋梁で全長は約400m、そこに走るのは基本的に1両編成のディーゼルカーだ。全体としてアンバランスになりやすいので、列車がどの位置でシャッターを切るかを考えてアングルを決めたい。また、鉄橋のサイドや河原に降りて見上げるなど、いろいろなアングルで狙うことができる。

名鉄名古屋本線／飯田線

豊橋～伊奈／下地～小坂井

同じ線路を飯田線と名鉄車両が走る共用区間を狙う

上／築堤を走る名鉄車両、このポイントは上下線が離れているために単線のように見える区間だ。［35mm（APS）2月下旬］
左／同じ場所で飯田線の車両も撮影することができる。［35mm（APS）2月下旬］

両線の起点となる豊橋駅付近では、名鉄と飯田線のそれぞれ単線区間なのだが、共用で使用して複線として運転するという珍しい走り方をしている。そのため飯田線車両と名鉄車両を同じアングルで狙うことができる撮影地だ。鉄橋を越えて築堤を行く列車を見上げて撮影する。なお、最寄り駅の下地駅は飯田線専用の駅で、名鉄は普通列車も止まらないので注意が必要だ。

飯田線

七久保～伊那本郷 中央アルプスの山々を背に走るローカル線電車

ルートはQRも CHECK!

美しい伊那谷を行くローカル電車、田んぼに水が入るのは例年5月中旬だ。［30㎜（APS） 5月中旬］

飯田線は路線の南側では天竜川に沿って敷かれ、北側では南アルプスと中央アルプスに挟まれた伊那谷に敷かれている。七久保駅に近い田んぼでは背景に美しい中央アルプスの山々を見ることができる。田植え前には田んぼに水が張られ、風のない日には残雪の山々を映して美しい風景になる。

飯田線

城西～向市場（むかいちば） 飯田線名物「渡らずの鉄橋」を行く

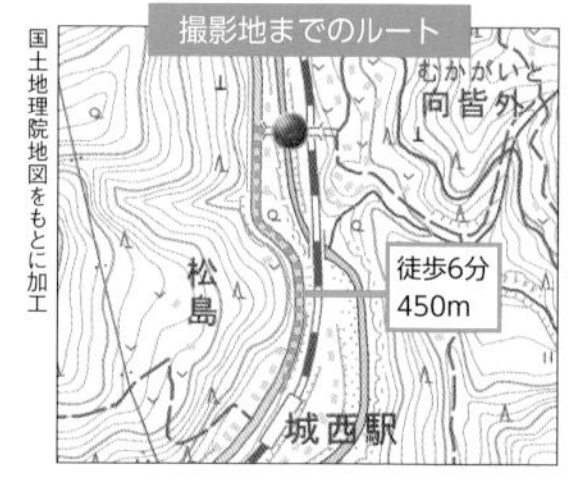

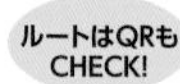
ルートはQRも CHECK!

山々と天竜峡の流れを見ながら特急「伊那路」が走ってきた。［70㎜ 7月下旬］

天竜川に沿って敷かれている飯田線の南側区間に、飯田線を代表するような風景がある。川を渡った列車が、そのまま川を戻って同じ岸を走る「渡らずの鉄橋」と呼ばれる第六水窪（みさくぼ）橋梁だ。これは中央構造線の上で地盤が悪くトンネルを掘ると危険なため、迂回するルートとして作られた。この珍しい橋を近くの道路橋から見渡すことができる。

名鉄犬山線

犬山遊園～新鵜沼 元道路併用橋の犬山橋を行く名鉄車両

犬山橋を走る名鉄の上りパノラマsuper使用の特急列車。［170㎜（APS） 2月下旬］

国土地理院地図をもとに加工

ルートはQRもCHECK!

名鉄犬山線の終点近く、木曽川を渡る橋梁は2000（平成12）年まで鉄道と車が同じ鉄橋を走る併用橋として使われていた。その後、道路用の橋が並んで架けられて、現在は鉄道専用として使われている。鉄橋上の道路部分は撤去されたが鉄橋内は広いままで、橋詰の部分は踏切の外になっているために問題なく撮影できる。

太多線

川

可児（かに）～美濃川合 静かな水面の木曽川を渡るローカル列車

国土地理院地図をもとに加工

朝の木曽川を渡る鉄橋を走るキハ25形が水面に映る。［50㎜ 6月上旬］

ルートはQRもCHECK!

太多（たいた）線は中央西線と高山本線を結ぶローカル線だ。街中や田んぼなど穏やかな風景を行く路線だが、終点の美濃太田駅に近づくと一級河川の木曽川を渡る。この鉄橋のすぐ下流には今渡ダムがあり、鉄橋付近はダム湖になっているため風の弱い日には水鏡になって列車がきれいに映りこむ。少し遠くなるが対岸からも鉄橋を撮影することができる。

中央本線

山

大桑～須原

木曽路を行く列車をすっきりと撮影するお立ち台

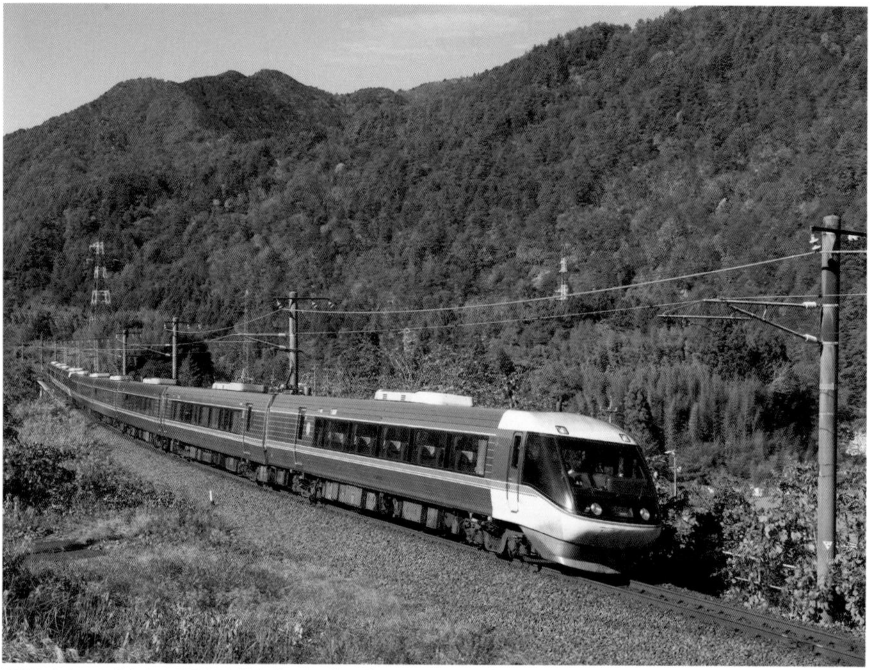

紅葉した山々の中を走る長野行き特急「しなの」。［50㎜　11月上旬］

国土地理院地図をもとに加工

特急「しなの」など中央西線の下り列車を撮影するポイント。線路の後ろに架線を支える支柱があるために、列車側面に障害物がかからず、すっきりとした写真になるのが魅力だ。また構えるポジションは斜面なので、線路に近い高さから屋根を見下ろす高さまで自由に選べる。道路に出れば、奥の鉄橋を渡る列車を正面から撮影することも可能だ。

高山本線

下呂～禅昌寺

名湯下呂温泉の鉄橋を走る列車を撮影する

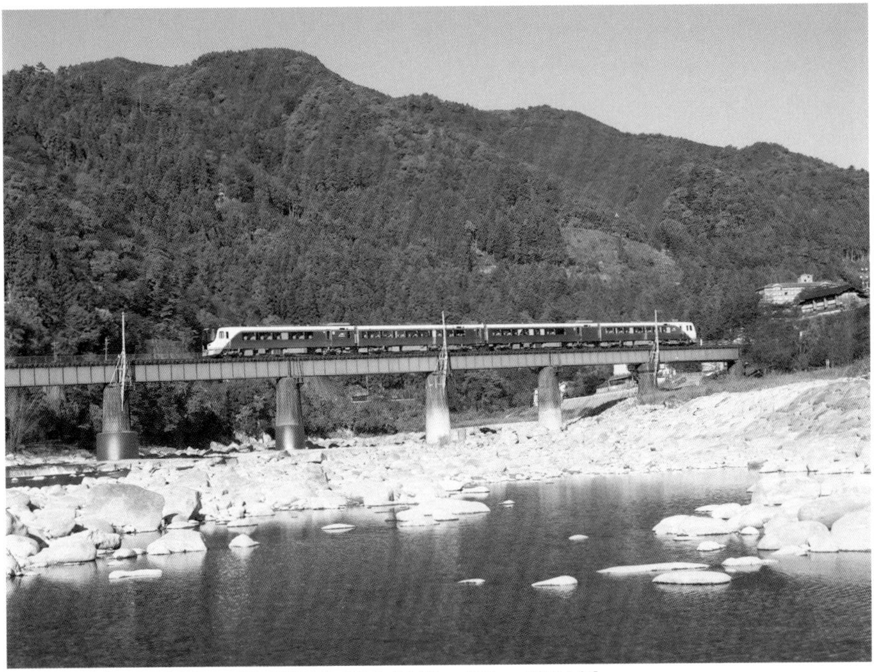

秋の下呂温泉郷を行く新型HC85系で運転される特急「ひだ」。［50㎜　11月上旬］

山あいの名湯として有名な下呂温泉、飛騨川の両側に温泉ホテルや立ち寄り湯が並んでいる。河原には遊歩道や駐車場があって、長い鉄橋を見渡すことができる。この鉄橋は秋など陽の短い時期でも東側の空が広く開いているために朝早めから陽が当たる。ホテルに泊まって朝の列車を撮ってから移動するのもいい。鉄橋の両側の橋詰には桜の木もあるので、春には桜と鉄道をあわせて撮影することもできる。

長良川鉄道

山 川

美並苅安(みなみかりやす)〜赤池

清流長良川と鉄橋の風景を行く

長良川鉄道はその名の通り、長良川に沿って敷かれている。約70kmの路線で長良川の本流を渡る鉄橋は9本もある。このポイントは第三長良川橋梁を下流の道路橋から撮影する。橋から川の流れを見るときれいに澄んでいて、川底や川魚が泳ぐ姿もくっきりと見える。トラス橋をアップで撮影するのも良いし、写真のように川の流れを強調してアングルを決めるのも良い。

国土地理院地図をもとに加工

ルートはQRもCHECK!

新緑の長良川を渡る観光列車「ながら」。川の流れを強調するために変更フィルターを使用した。[40㎜　4月下旬]

樽見鉄道

花

谷汲口(たにぐみぐち)駅付近

桜に囲まれた第3セクター鉄道のローカル駅

国土地理院地図をもとに加工

画面いっぱいの桜とディーゼルカーの風景、終日逆光なので薄曇りの日がおすすめ。[135㎜（APS）　4月中旬]

ルートはQRもCHECK!

樽見鉄道の終点樽見駅近くには樹齢1500年ともいわれる銘木淡墨桜(うすずみ)があり、たくさんの観光客を集めている。春の季節には多くの観光客が乗車する路線で、沿線には桜の木が多いのが魅力の路線だ。その中でも谷汲口駅は線路の両側に桜並木があり、ホームがカーブしていることから画面いっぱいに桜を配置するアングルをとることができる。カーブの外側から撮影するが、線路に近づきすぎないように注意して撮影したい。

三岐鉄道三岐線

三里～丹生川（にゅうがわ） 石灰石の山、藤原岳をバックに走る重連セメント列車を狙う

牽引する機関車はED45形、製造からまもなく70年近く経つ車両だ。［80㎜　10月上旬］

ルートはQRもCHECK!

三岐鉄道は全国でも少なくなった貨物輸送を行う地方鉄道だ。西武鉄道から譲渡された普通電車に混じって機関車2両で牽引する貨物列車が走る。この場所からは背景に石灰石の山藤原岳を入れて撮影ができる。県道のオーバークロスの法面付近からの撮影なので、下にある道から低いアングルか、法面からの高いアングルかを選んで撮影できる。貨物列車の運転時刻も記載された現行ダイヤグラムは三岐鉄道本社や公式サイトなどで販売されている。

三岐鉄道北勢線

楚原（そはら）～麻生田（おうだ） 3連アーチ橋を行くナローゲージの小さな電車

北勢線名物の3連橋をナローゲージの電車が走る。［16㎜　8月中旬］

ルートはQRもCHECK!

北勢線沿線の名物がコンクリートでできた3連の眼鏡橋、大正時代に作られた歴史ある建造物だ。ここを走る列車は3両編成の小さな電車でナローゲージ（線路幅762㎜）の車両だ。写真はアーチ橋の近くからワイドレンズで撮影している。このほか、少し離れた位置から田畑を入れて撮影するアングルもある。橋に比べて、3両編成の車両がやや長く、橋の上に収まらないので、どの位置でシャッターを切るかなどバランスを考えて撮影したい。

四日市あすなろう鉄道内部線

日永駅付近

模型のようなナローゲージの分岐駅を撮影する

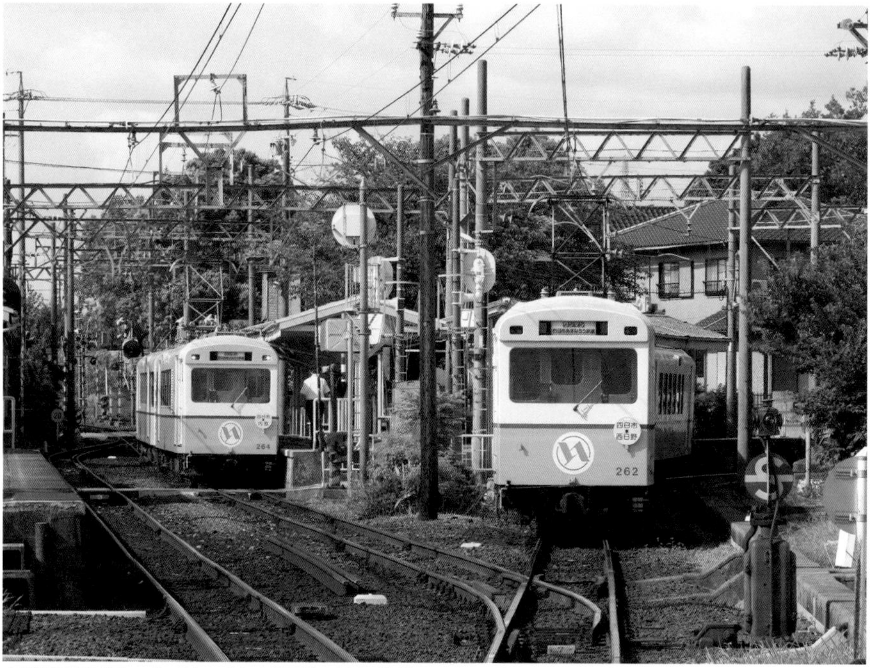

内部線の電車が待っているところに八王子線の電車が入線してくる。見ているだけで楽しくなる鉄道風景だ。［100㎜（APS） 8月中旬］

四日市あすなろう鉄道は大きな工場やビルが立ち並ぶ四日市を起点に市街地を走るローカル私鉄だ。線路幅762㎜の小さな電車が街中を走る姿は、なんともかわいらしい。路線は内部(うつべ)線と八王子線の2路線があり、内部線の日永駅で分岐している。このポイントは駅近くの道路から撮影する。内部線の上り列車と八王子線の下り列車が同時に駅に入るときがシャッターチャンスだ。

近鉄志摩線

鳥羽～中之郷

鳥羽城址から鳥羽湾をバックに走る近鉄特急を撮影する

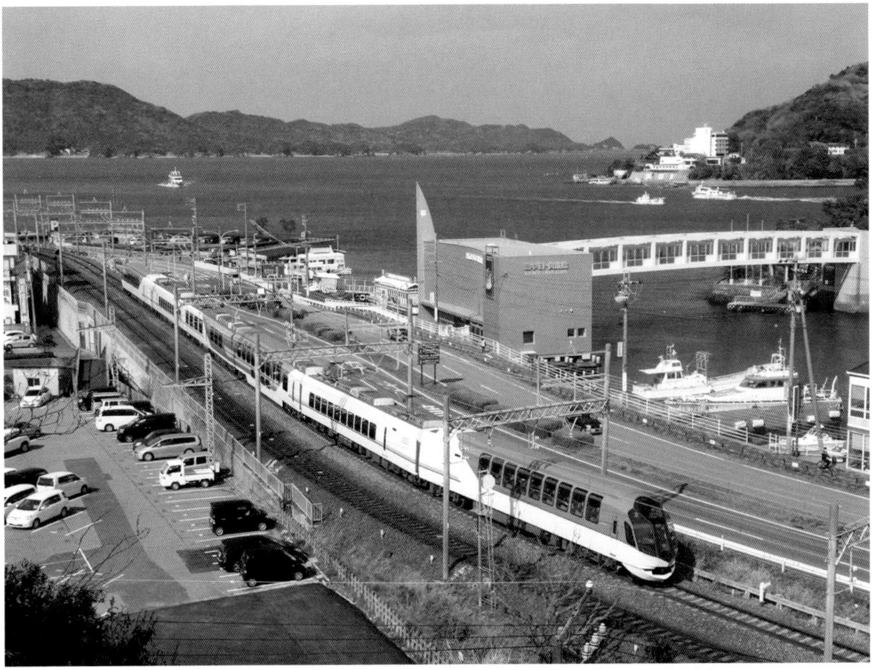

鳥羽湾をバックに走る近鉄特急「しまかぜ」、後方には観光クルーズ船も見える。［70㎜　4月中旬］

近鉄の鳥羽駅は伊勢志摩観光の玄関口だ。鳥羽駅と賢島駅を結ぶ近鉄志摩線には大阪方面や京都方面などからの特急列車が次々と走って来る。鳥羽駅に近い鳥羽城址にある城山公園からは鳥羽湾が一望できる。手前には線路が見えて、合わせて撮影することができる。写真の撮影地は現在少し木が伸びてきているので、高めからの撮影や左右に移動して展望のきく場所を探すなど工夫をして撮影をしてほしい。

紀勢本線

山　海

新鹿（あたしか）～波田須（はだす）

熊野灘を見下ろして走るディーゼルカーを狙う

山にエンジン音を響かせてキハ25形の普通列車が登ってきた。［35mm（APS）　6月中旬］

山深い紀伊半島と荒々しい海岸線、そして熊野灘と紀勢本線を撮影するポイント。波田須駅から山道を登りトンネル上の峠に差し掛かると視界が開けてくる。駅近くとは思えないほど山深い雰囲気だ。この撮影地は後方の山が高いので、列車サイドに陽が当たるのは夏の陽が長い時期の夕方に限られるので薄曇りの日が狙い目だ。

第5章

関西編

湖西線

近江中庄～マキノ

琵琶湖に近い水田地帯を行く特急「サンダーバード」

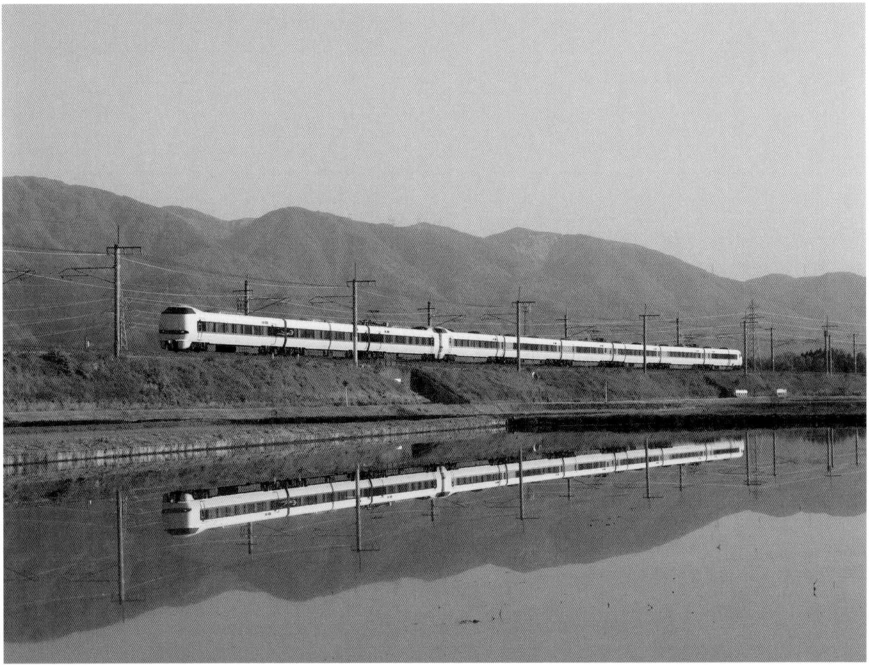

湖西線の春、水面に姿を映して上り特急「サンダーバード」が行く。［35mm（APS）　5月上旬］

湖西線は琵琶湖の西岸に敷かれ、関西と北陸方面を結ぶメインルートだ。沿線には田んぼが広がっている場所が多く、近江中庄あたりでは広い田んぼの中を走る。このポイントは築堤を行く列車と田んぼ、そして琵琶湖を取り囲む山々を入れて広々とした風景を撮影できる。特に美しく見えるのが田植え前に水を張った時期、比較的風の強い場所だが朝早い時間帯には凪になることもあり、水面に姿を映す特急列車を撮影できる。

北陸本線

長浜～虎姫 姉川の橋梁へと向かう築堤で季節の風景を撮る

国土地理院地図をもとに加工

ルートはQRもCHECK!

築堤を行く特急「しらさぎ」、レンゲの花は毎年植えられる場所が変わるので一期一会の写真になる。［70㎜（APS） 5月中旬］

琵琶湖の東岸に敷かれた北陸本線で特急「しらさぎ」などの列車を撮影するポイント。琵琶湖へと流れる姉川に架かる橋梁があり、橋梁の上り側はきれいな築堤になっている。周辺は田んぼが広がり四季それぞれの風景を見せてくれる。築堤の東側からは築堤を行く列車のサイドが狙える。写真は西側の田んぼからでレンゲの花を入れて撮影した。

小浜線

小浜～勢浜（せいはま） 青い小浜湾と125系電車の風景

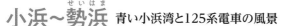

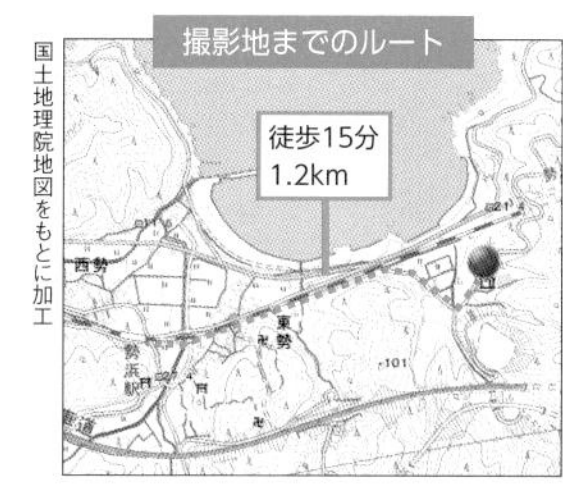

国土地理院地図をもとに加工

ルートはQRもCHECK!

湾に沿って敷かれた小浜線でも海と鉄道を撮れる場所は少なく貴重なポイントだ。［50㎜（APS） 2月下旬］

若狭（わかさ）湾に沿って敷かれている小浜線、小浜駅付近では比較的小さな入り江の小浜湾を見て走る。小高い丘から見ると波穏やかな湾と対岸の山々が立体的に見えて美しい。線路のすぐ後ろには国道が走っているが、線路がやや高くなっているのであまり目立たない。老人福祉施設近くの道路から撮影する。

近江鉄道本線

愛知川(えちがわ)～五箇荘(ごかしょう) 愛知川に架かる赤い橋梁でローカル私鉄を撮る

ルートはQRもCHECK!

西武鉄道から来た100系電車、赤い鉄橋に良く似合う。［30㎜　2月下旬］

近江鉄道は本線のほか八日市線と多賀線の合計3路線で総延長約60kmの鉄道で、地方鉄道としては大きい路線だ。現在走っている車両は西武鉄道から譲渡されてきた車両だ。撮影ポイントは愛知川に架かる長い鉄橋で、アンダーガーダー橋ですっきりとした写真が撮れる。この鉄橋と並んで架かっている道路橋があり、撮影する高さによっては車などが写り込んでしまう。道路橋ができるだけ鉄橋に隠れるような高さのアングルを探したい。

草津線

甲西(こうせい)～三雲 全長14.5mの切石とレンガの大砂川トンネルを抜けて走る

ルートはQRもCHECK!

2019年に撮影した大砂川トンネルを走る113系普通列車、現在113系の運転は終了している。［500㎜　12月中旬

草津線の大砂川トンネルは短く、切り通しにしてしまえば簡単と思えるほど短いトンネルだ。実はこの上に大砂川という川が流れている。川を流すために作られた珍しいトンネルだ。撮影ポイントはトンネルのすぐ近くにある踏切付近からなので、線路に近づきすぎないように注意したい。写真は500㎜レンズで撮影したものだが、もう少し短いレンズでも全景が撮影できる。

東海道新幹線／東海道本線ほか

京都～米原／京都～山科

京都駅から駆け下りてくる新幹線を狙う

上／京都駅を出発して東京へと向かうN700Sの新幹線「のぞみ」。[300㎜　2月下旬]
左／京都タワーなど京都の町をバックに湖西線に向かう特急「サンダーバード」が走ってきた。[24mm（APS）　4月下旬]

京都駅の上り側、東山トンネルの近くに東海道新幹線と東海道本線を跨ぐ橋があり、この上が撮影地。京都駅を出発して低い位置にあるトンネルに向けて駆け下りてくる姿を撮ることができる。新幹線の正面にある柵には比較的細かい網が張ってあるので、望遠レンズのフードを外してレンズを網に付け、あまり絞り込まずに撮影することで網がボケて見えなくなる。また、この橋からは新幹線と並走する東海道本線(琵琶湖線)や湖西線の列車も撮影できる。

※網がある場合の撮影方法は42ページも参照

京阪京津線

びわ湖浜大津駅付近 路面区間を走る2路線が集まるびわ湖浜大津駅

国土地理院地図をもとに加工

駅前の大きな交差点で石山坂本線（奥）京津線（手前）がすれ違う。

ルートはQRもCHECK!

琵琶湖の湖畔にあるびわ湖浜大津駅には2本の路線が乗り入れている。京阪京津線は道路の真ん中に複線の線路が敷かれて4両編成の大きな車体が車の横を走って来る。京阪石山坂本線も道路を2両編成の列車が走る。駅近くの階段からは両路線を見ることができて、運が良ければ同時に撮影することができる。

叡山電鉄鞍馬線

貴船口～鞍馬 京都の洛北のローカル線が山間へと分け入る

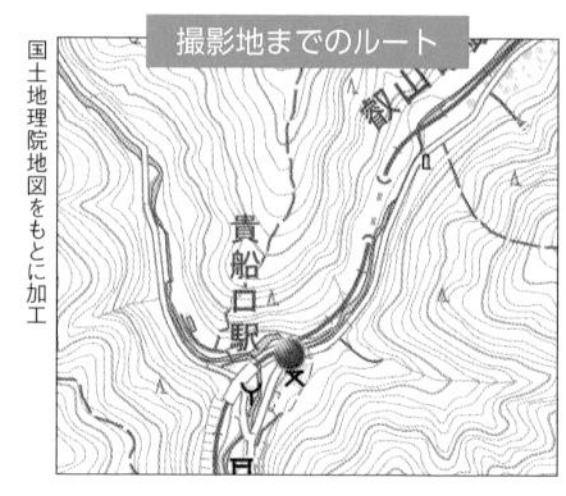

国土地理院地図をもとに加工

鉄橋を行く800系の普通列車。ボディーのラインは山並みの緑を表している。［28㎜（APS）　3月下旬］

ルートはQRもCHECK!

京都市街地北部の洛北を走る叡山電鉄は、平野部を過ぎると終点の鞍馬に向けて山の中へと分け入って行く。清流に座敷を仕立てる川床料理で知られる貴船川が貴船口駅近くで鞍馬川と合流するあたりに鉄橋がある。薄い橋桁がローカル線らしい鉄橋だ。普通列車のほか展望列車「きらら」も走っている。

京阪本線

天満橋〜京橋

桜の名所で京阪電車と大阪城を撮る

大阪城と京阪と桜、春の大阪の風景だ。例年桜は3月下旬から4月上旬が見ごろ。［130㎜　4月上旬］

撮影地までのルート

国土地理院地図をもとに加工

天満橋駅近くを流れる大川（旧淀川）付近には造幣局桜の通り抜け、毛馬桜之宮公園など桜の名所が多い。大川の対岸から京阪本線方向を見ると、駅ビルの中にあるホームを出発した列車が大川の支流寝屋川の鉄橋を渡るシーンが見られる。背景には大阪城も写り大阪らしい写真を撮ることができる。また線路南側の歩道からは大川をバックに駅を出発するシーンも撮れるので、あわせて撮影したい。

近鉄大阪線

安堂～河内国分 大和川橋梁で近鉄大阪線の特急群を撮る

名古屋駅に向かう近鉄特急「ひのとり」。「アーバンライナー」や「ビスタカー」も走ってきて飽きない撮影地だ。［150mm　8月上旬］

ルートはQRもCHECK!

大阪難波駅から近鉄名古屋駅、賢島駅など各地へと走る近鉄特急が、鉄橋を走る姿をすっきりと撮影できる。大和川橋梁の河内国分駅側にある踏切付近から撮影する。後方からも列車が来るので、線路側に出ないよう注意して撮影してほしい。踏切付近のほか、少し離れた道路からも広めの撮影ができる。

近鉄吉野線

大和上市～吉野神宮 桜名所の吉野に向かう列車を桜とともに撮る

吉野川橋梁を行く近鉄特急「さくらライナー」。［30mm（APS）　4月上旬］

ルートはQRもCHECK!

近鉄吉野線の終点は吉野駅、3万本とも言われる桜が咲き誇る吉野山の玄関口だ。吉野駅のひと駅手前の吉野神宮駅付近には吉野川（紀ノ川の奈良県内の名称）を渡る橋梁がある。アンダートラスの美しく大きな橋だ。川に沿って植えられた桜並木とともに撮影することができる。

大阪環状線ほか

天王寺駅付近ほか

「あべのハルカス」展望台から大阪の鉄道を大俯瞰

展望台から北東方面を見るとJR各線が見える。左から阪和線のすれ違い、真ん中が大阪環状線、右側（ビルの影）が関西本線の電車。［70㎜（APS）　2月下旬］

天王寺駅前の「あべのハルカス」、その60階にあるハルカス300（展望台）からは360度の展望が楽しめる。見える鉄道も多く、天王寺駅を発着するJR線、大阪阿部野橋駅を発着する近鉄線、路面電車の阪堺電車、海の方を見ると遠く南海電鉄まで見える。展望台は観光客が多いので、長時間占有しないなど配慮をしてほしい。ハルカス300の営業時間は9：00〜22：00、当日券は1500円（18歳以上）何度も出入できる1dayチケット1950円も便利だ。

国土地理院地図をもとに加工

阪和線

杉本町～浅香　阪和線の大和川橋梁で特急列車を狙う

関西空港に向かって走る特急「はるか」、大阪の近郊区間で普通列車も多い。［50mm（APS）　2月上旬］

ルートはQRもCHECK!

天王寺駅から関西空港への特急「はるか」、紀伊半島へ向かう特急「くろしお」などの列車を狙うポイント。駅のすぐ横に大和川橋梁があり、その堤から撮影するので、天候の状態などで自由な角度から撮影することができる。駅のホームから撮影する人も多いが、この場合は十分安全に配慮してほしい。

南海本線

泉大津～忠岡　力強いフォルムのラピートが築堤を駆け抜ける

難波駅から関西国際空港に向かう特急「ラピート」が夕方の光の中を走る。［40mm（APS）　10月中旬］

ルートはQRもCHECK!

力強いデザインで驚かされた南海特急「ラピート」。運転開始は1994年なので、もうすぐ運転開始から30年になる。この「ラピート」が築堤を行く姿を住宅街の道路から気軽に撮影できるポイントだ。午後順光になるが、遅くなると近隣の家の影が落ちるので注意が必要だ。

南海高野線

橋本～紀伊清水 紀ノ川を渡るレトロな鉄橋を渡る「ズームカー」

鉄橋を渡る2300系「ズームカー」、このほか特急「こうや」、観光列車の「天空」などが走る。[50㎜ 2月上旬]

ルートはQRもCHECK!

南海高野線の橋本～極楽橋間は山岳路線で急カーブが多いため、約17mの短い車両である通称ズームカーで運転されている。橋本駅を出たところにある紀ノ川橋梁はレトロなスタイルの鉄橋で、ローカル線の雰囲気を良く出している。鉄橋近くから見上げたり、河原からサイドで狙ったりなど様々なアングルを楽しめる。

紀州鉄道

西御坊駅付近 全線で2.7kmのローカル私鉄を走るディーゼルカー

ゆっくりと車体を揺らしながらディーゼルカーがかわいい姿で走ってくる。[300㎜（APS） 6月中旬]

ルートはQRもCHECK!

紀州鉄道はJR紀勢本線に接続する2.7kmの小さな鉄道だ。終点の西御坊駅から約0.7kmの日高川駅までの線路があったが1989年に廃止になった。駅横の廃線跡には当時の踏切跡があり、ここから現在の線路を見ると隣の市役所前駅の先までの直線を正面から見ることができる。

紀勢本線

川

古座～紀伊田原

熊野灘にそそぐ清流古座川の鉄橋を見上げる

古座川橋梁を駆け抜けて行く特急「くろしお」、パンダをデザインした「パンダくろしお」だ。［24mm　2月上旬］

紀伊半島の沿岸部を走る紀勢本線。半島最南端の潮岬(しおのみさき)に近い古座駅付近には古座川が流れている。河口部の川幅が広い場所で、長い鉄橋はきれいなカーブを描き、川の護岸から見上げると空を行くような列車を撮影することができる。望遠レンズで列車のアップや広角レンズで空をいっぱいに入れるなど自由にアングルが選べる。

山陽本線

須磨〜塩屋 大阪湾を眺めて須磨海岸を行く

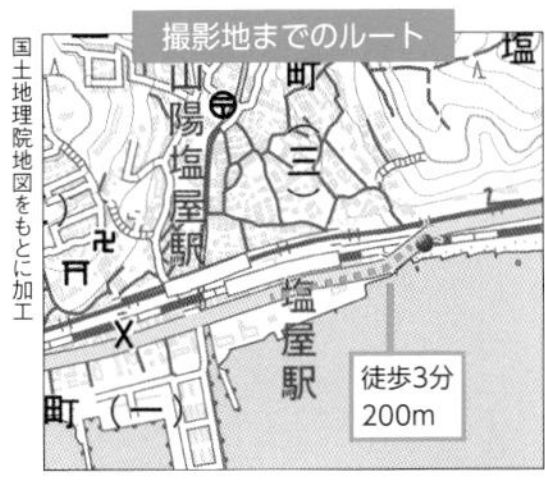

321系の普通列車、このポイントでは大阪湾を大きく入れて撮影したい。[24mm（APS） 1月中旬]

ルートはQRもCHECK!

須磨付近の地形は海岸線まで山が迫っているため、複々線の線路も海ぎりぎりのところに敷かれている。このポイントは塩屋駅前にある国道2号線のオーバークロス「菅公橋」の歩道からの撮影になる。海側を走る各駅停車などが主な被写体で、山側を走る特急や新快速などは障害物が多くてやや撮りにくい。

北条鉄道

田原〜法華口（ほっけぐち） 第3セクター鉄道を走る五能線から来たキハ40形

キハ40形で運転される列車は北条鉄道のホームページで公開されているので確認してから撮影したい。[100㎜ 4月下旬]

ルートはQRもCHECK!

北条鉄道はJR加古川線の粟生（あお）駅から北条町駅までの13.6kmの第3セクター鉄道だ。2022（令和4）年からは五能線で活躍した元JR東日本のキハ40形が走り始め人気になっている。沿線は田畑の広がる場所が多く、すっきりと撮影できる場所が点在している。このポイントは雑木林の間から飛び出してくるキハ40形を狙うポイントで朝が順光になる。

播但線

長谷~生野 山里に響く市川に架かる鉄橋の音

紅葉の山里を見て走る単行のディーゼルカー。［180㎜　11月中旬］

ルートはQRもCHECK!

播但(ばんたん)線は姫路駅から山中の生野駅までの間、瀬戸内海にそそぐ市川に沿って走っている。長谷駅を出発した下り列車が最初に市川を渡るのが撮影地の第二市川橋梁だ。背景は山里が見える山あいの風景で、春には桜も咲くのでその頃にも訪ねてみたい。

福知山線

柏原(かいばら)~石生(いそう) 片側支柱の単線区間ですっきりとした列車写真を撮る

順光の中走ってきた特急「こうのとり」、低めの位置から見上げると迫力の写真になる。［30㎜（APS）　4月上旬］

ルートはQRもCHECK!

ほぼ南北に伸びているこの区間、架線の支柱が西側だけにあるため、午前中早めの時間帯に東側から撮影すると、柱などの障害物が列車にかからず、すっきりとした列車写真が撮影できる。光線状態は午前中早めが良い。写真は上り列車を撮影しているが、下り列車も狙うことができる。

京都丹後鉄道宮舞線

丹後神崎〜丹後由良

由良川河口の超大鉄橋はまるで海を走るような列車風景

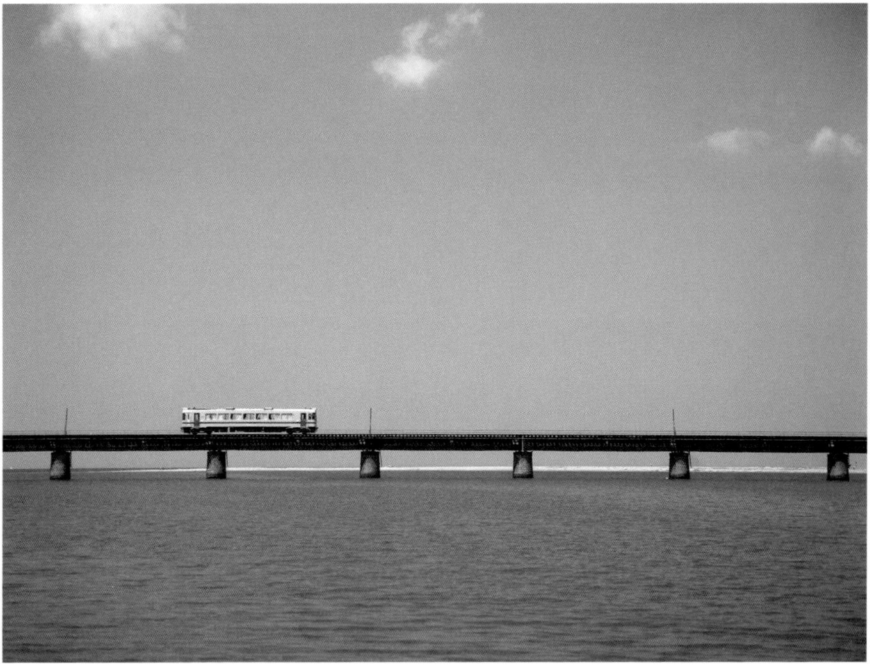

天気の良い日にはエメラルドグリーンになる。写真左奥には日本海も見えている。［60㎜　6月上旬］

国鉄・JR宮津線、北近畿タンゴ鉄道、そして現在の京都丹後鉄道と変異してきた路線で、舞鶴に近い丹後由良駅付近で由良川の河口部分を渡る。比較的低い長い鉄橋で車窓からは、まるで海を走るような風景を見ることが出来る。撮影ポイントは由良川の護岸で線路の築堤付近から川に近づける。線路近くからは鉄橋を見上げてアングルを決められ、上流に向かって歩けば写真のように真横からの撮影もできる。

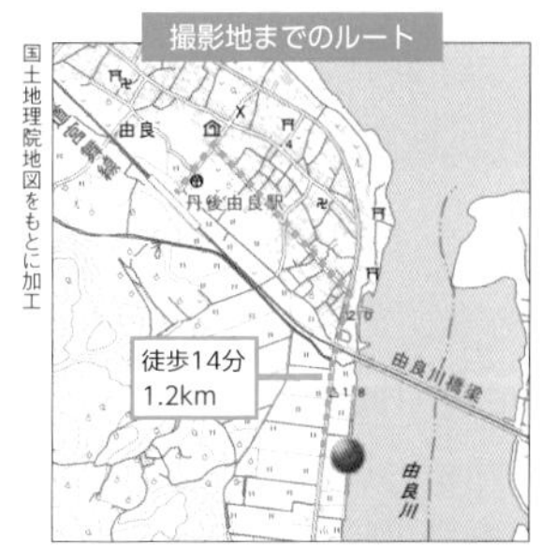

山陰本線

餘部(あまるべ)駅付近

日本海を望む名撮影地余部橋梁

美しい日本海を眺めて走る山陰本線の普通列車。［35mm　4月下旬］

2010年までトレッスル橋で東洋一美しいと言われていた旧余部橋梁、老朽化のために新しい橋梁へと付け替えられた。新しい橋梁になっても背景の日本海とともに美しい撮影地として人気になっている。撮影地は駅ホームから見える展望台で、駅からはいったん山道を降りて橋梁をくぐり、階段を登ったところにある。キハ40系の普通列車のほか、特急「はまかぜ」も通過するので時間を確認して狙いたい。

餘部駅には旧橋梁を活用した展望施設「空の駅」がある。美しい日本海のパノラマや、旧橋梁が間近で見られる。

先端には余部クリスタルタワー（エレベータ棟）がある。下にある道の駅へ立ち寄ったり、少し離れて橋梁の高さを感じるのも良い。

撮影地までのルート

国土地理院地図をもとに加工

浜
6
西
余部橋梁
道の駅
餘部駅
50
香住区余部

神戸電鉄有馬線

丸山〜鴨越（ひよどりこえ）

神戸の町を大俯瞰、山岳路線を撮影する

六甲山地を縦断する神戸電鉄有馬線は、私鉄路線の中でも有数の急勾配で敷かれている路線だ。鵯越駅から坂道を5分ほど登ったところにある撮影ポイントからは、眼前に神戸の町と山肌を走る有馬線を収められる。山岳路線とも言われる有馬線の様子が良くわかるポイントだ。

神戸市街地をバックに1000系電車が登ってきた。遠く大阪湾まで見ることがきる。[180㎜　11月下旬]

撮影地までのルート

国土地理院地図をもとに加工

ルートはQRもCHECK!

神戸電鉄粟生（あお）線

三木上の丸〜三木

三木市街地、美嚢（みのう）川の緑地でカーブした橋梁を撮る

美嚢川の堤に植えられた桜並木に電車の音が響く。[24mm（APS）　4月上旬]

撮影地までのルート

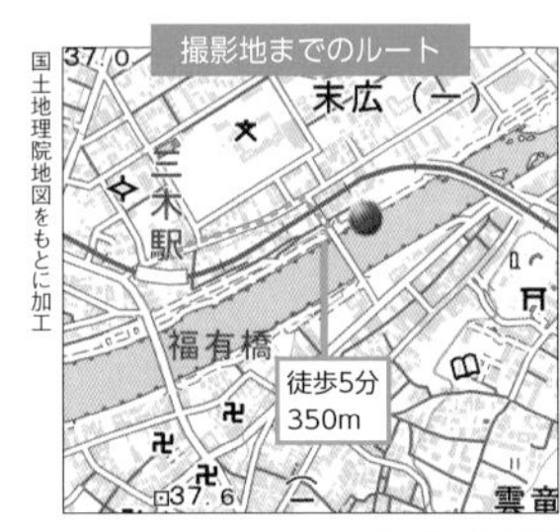

国土地理院地図をもとに加工

ルートはQRもCHECK!

粟生線の三木駅近くにはカーブした橋梁があり、美嚢川の緑地から撮影することができる。この橋梁は金属製のガーダー、コンクリート、またガーダー、コンクリートと交互に作られている特徴的な構造だ。三木上の丸駅と三木駅は1kmほどの距離なので橋の姿を見ながら歩いてポイントを探すのもいい。

第6章

中国・四国編

伯備線

山　川

備中川面（びっちゅうかわも）～方谷（ほうこく）

第三高梁（たかはし）川橋梁を行く特急列車

ポイント1：朝早く東京からの寝台特急「サンライズ出雲」が走ってきた。7両編成の長い編成もきれいに収まる。［180mm 4月下旬］

倉敷駅から新見駅にかけて高梁川に沿って敷かれた伯備線。備中川面駅の下り側にある第三高梁川橋梁はカーブしたアンダーガーダー橋で美しい列車写真を撮影することができる。下り側からも線路に沿った小路から左頭のカーブ、橋の上り側の踏切付近からは右側が頭になるカーブで撮れる。また、鉄橋を横からも撮影するポイントがあり風景的なカットも狙える。周辺の鉄橋なども含めると、一日かけて撮影しても飽きない。

ポイント2：国鉄色のリバイバルカラーの381系特急「やくも」がカーブした鉄橋を行く。［180㎜　4月下旬］

ポイント3：サンライズの姿が穏やかな高梁川に写り込む。朝の風景だ。［45㎜（APS）6月上旬］

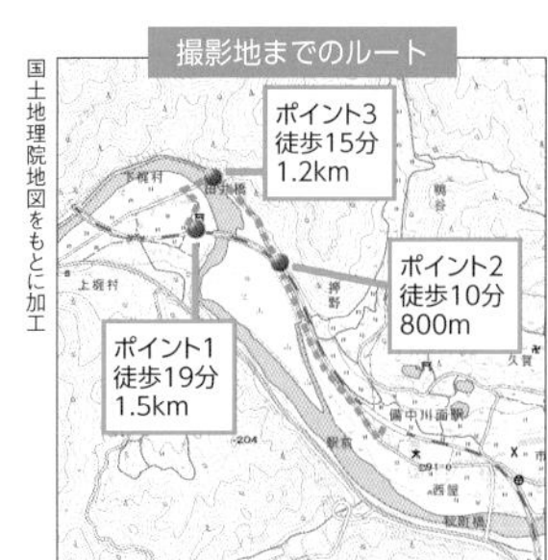

津山線

山 川

建部～福渡

人気のキハ40、47形が走るローカル路線の鉄橋を撮影する

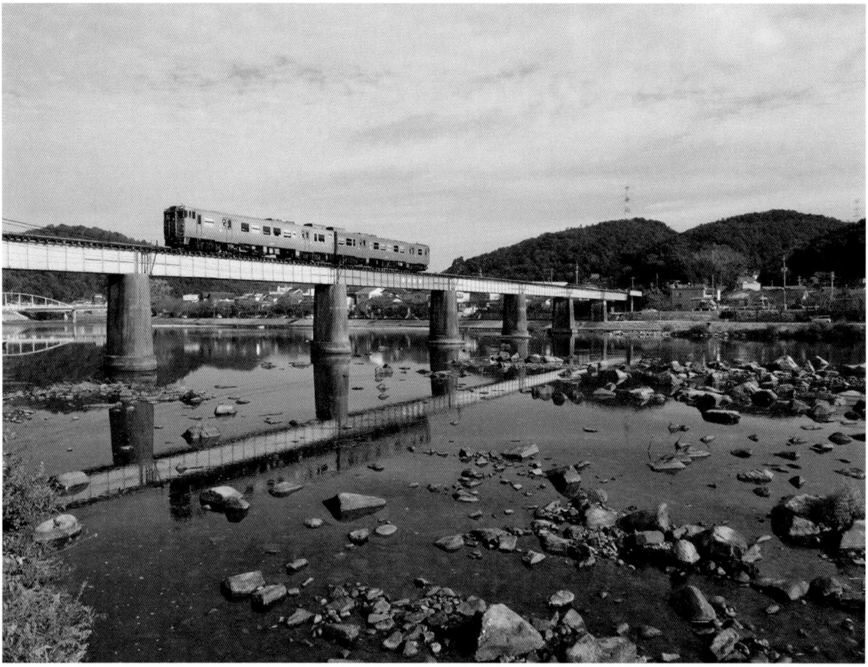

鉄橋を渡る朱色のキハ47形、JRマークがないため、まるで国鉄時代のように見える。［24mm　10月中旬］

鉄道ファンに人気の朱色のキハ40、47形や朱色とクリームの急行色に塗られたキハ47形などが走る津山線は、田んぼや里山の風景を走る魅力的な路線だ。旭川に架かる鉄橋は川を大きく入れたり、空をバックにしたり、鉄橋上の列車をアップにしたりと、いろいろな撮影パターンで狙うことができる。この撮影地付近に日帰り温泉施設があるのも魅力だ。

赤穂線

大多羅（おおだら）～東岡山　斜めに渡る不思議な鉄橋を狙う

国土地理院地図をもとに加工

ルートはQRもCHECK!

黄色の国鉄型113系、115系やステンレスの213系、223系など多彩な列車が走って来る。［24mm　8月下旬］

相生～岡山間の山陽本線は山側に敷かれているが、ほぼ同じ区間を瀬戸内海寄りの人口が多いエリアに敷かれているのが赤穂線だ。終点東岡山駅間近では水路を渡る鉄橋が水路に対して斜めに設置されているという珍しい形だ。川と鉄橋を入れると不思議な角度で列車が見える。

智頭急行

上郡～苔縄（こけなわ）　第3セクター鉄道所属の特急「スーパーはくと」が疾走する

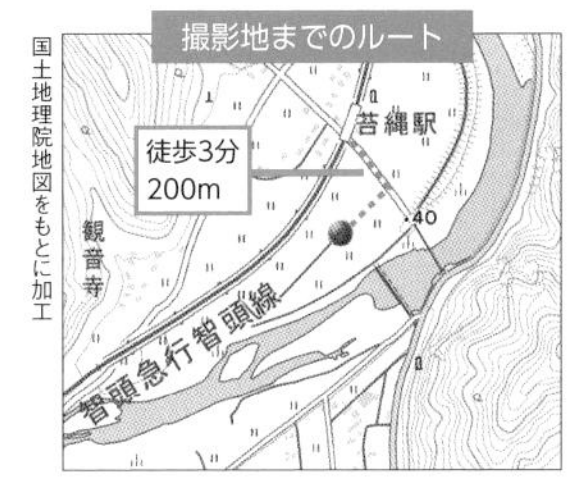

国土地理院地図をもとに加工

ルートはQRもCHECK!

HOT7000系の特急「スーパーはくと」、2024年からは新型車両導入の計画もある。［35mm　11月下旬］

第3セクター鉄道の智頭急行は1994（平成6）年に新規開業した路線で、全線で踏切はなく高規格路線として作られている。鉄道風景も長い築堤や高架など、他の第3セクター鉄道とは異なる雰囲気だ。1両編成のローカル列車のほかに山陽と山陰を結ぶ特急「スーパーはくと」や特急「スーパーいなば」が走っている。

井原鉄道

早雲の里荏原～井原 コンクリート橋を行く第3セクター鉄道車両

国土地理院地図をもとに加工

ルートはQRもCHECK!

重厚なコンクリート橋梁に小さな単行の列車、バランスを考えてシャッターを切りたい。［24mm　9月上旬］

井原鉄道も国鉄やJRからの転換ではなく、1999（平成11）年に新規に開業した第3セクター路線だ。比較的新しい路線のために築堤や高架などを走る近代的な雰囲気もある。そこに走って来るのが短い単行ディーゼルカーで、微笑ましい雰囲気を出している。

錦川鉄道

椋野（むくの）～南桑（なぐわ） 錦川を見下ろす橋梁を行く朝の列車を狙う

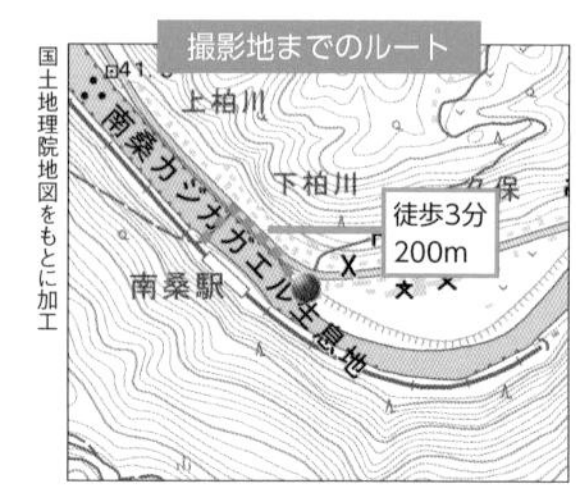

国土地理院地図をもとに加工

ルートはQRもCHECK!

錦川鉄道の車両は1両ずつ異なる色とデザインでカラフルな装いだ。［28㎜（APS）　4月下旬］

錦川鉄道はその名の通り錦川に沿っていて、錦川清流線という路線名が付いている。このポイントは山肌に作られた橋梁を対岸から撮影する。光線状態は朝早い時間帯が良く列車に陽が当たる。川を見下ろして走る列車は太陽角度によってはキラリと光り、朝らしい写真になる。

呉線

安芸幸崎～忠海（ただのうみ）

瀬戸内海の穏やかな港をのんびりと撮影する

忠海を出発した普通列車、この写真は2017（平成29）年に撮影したもので、現在はステンレスの227系で運転されている。
［70㎜（APS）2月下旬］

国土地理院地図をもとに加工

瀬戸内海に沿って敷かれた呉線、忠海駅は大三島などの離島に向かうフェリーが行き交う港に面している。駅を出てすぐに列車が渡る小さな鉄橋を対岸の防波堤から撮影する。港は波が穏やかで、瀬戸内海沿岸らしい雰囲気になる。

芸備線

山

下深川～玖村
（しもふかわ～くむら）

三連トンネルをくぐるキハ40、47の普通列車

三連トンネルの中の列車、列車が明るく見えるのは一瞬なのでタイミングよくシャッターを切りたい。［600mm　5月下旬］

広島駅から10kmほど離れた玖村駅付近は太田川に面した場所で、都会の近くとは思えないような郊外の風景が広がっている。川沿いの区間には芸備線名物の3連トンネルがあり、トンネル正面から望遠レンズで撮影できる。この区間は1時間に2～3往復と列車本数も多く撮影効率もよい。また撮影地近くの川の築堤からは、対岸を走る可部線の鉄橋も遠くに見渡せるので狙いたい。

山陽本線

海

神代（こうじろ）～大畠（おおばたけ）

大島大橋歩道から瀬戸内海沿岸を行く列車を撮る

瀬戸内海沿岸を走る115系普通列車、貨物列車も頻繁に走るので撮影してみたい。［30m（APS） 5月上旬］

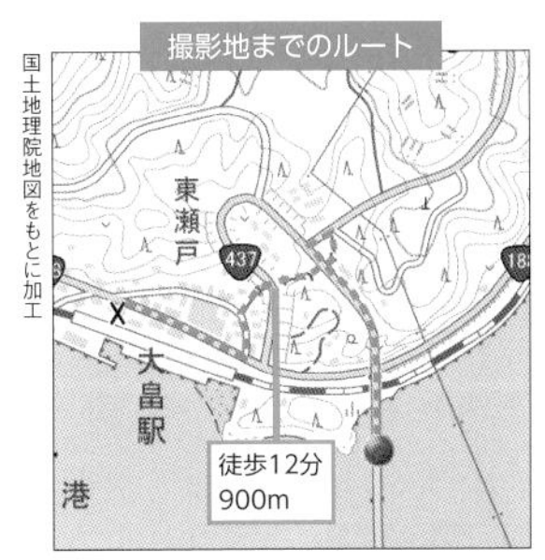

国土地理院地図をもとに加工

周防（すおう）大島と本州を結ぶ大島大橋の歩道から見ると、瀬戸内海の島々を望むことができる。この付近の山陽本線は珍しく海ぎりぎりに敷かれているため、海の景色と合わせて俯瞰撮影することができる。午後が順光になり海がきれいだが、遅くなると橋の影が線路に落ちるので注意が必要だ。

山口線

長門峡～渡川

ちょうもんきょう

空まで上がる煙、「SLやまぐち号」の名撮影地

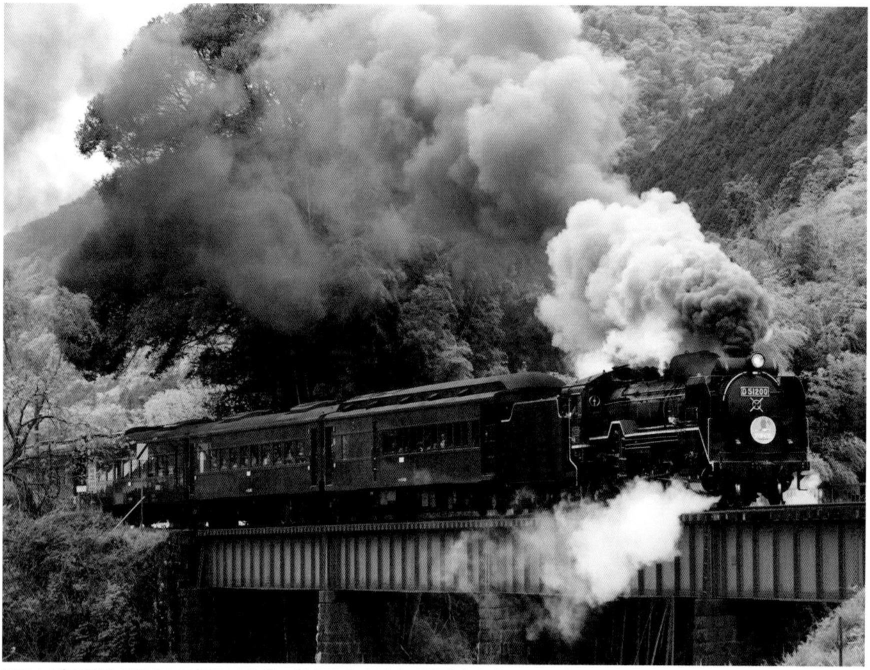

煙を上げて鉄橋を渡るD51形200号機、運転日や牽引する機関車などJR西日本ホームページで調べてから出かけよう。
[150㎜　4月下旬]

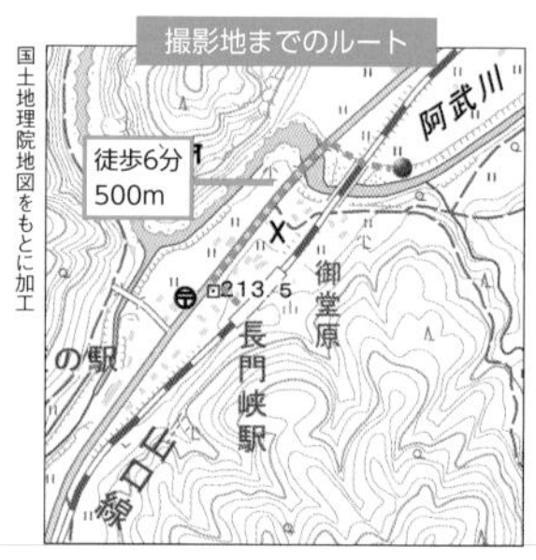

国土地理院地図をもとに加工

山口線にSLが復活運転をしてから40年以上が経った。今でも人気のSL列車を駅から近くて撮影をしやすいのがこのポイントだ。駅を出発してすぐの場所で加速するため、煙が盛大に出ることが多く迫力の写真になる。風が強いと煙が乱れるので、無風の日に撮影出来ればチャンスが広がる。田んぼの周りの道からの撮影なので田んぼへの斜面に入ったりしないようにしたい。

山陰本線

折居～三保三隅

道の駅から日本海と列車の絶景を撮影する

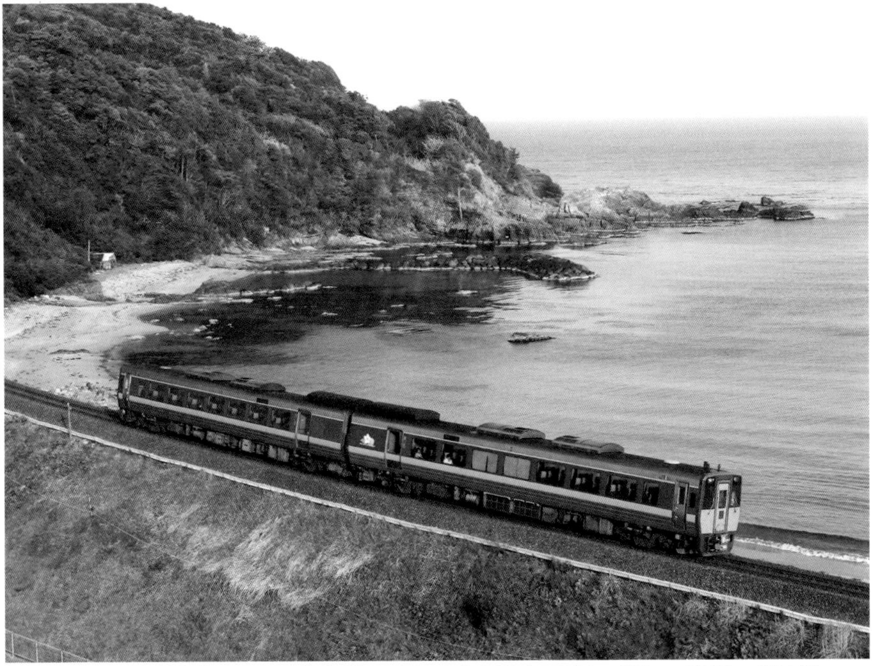

日本海をバックに走る特急「スーパーおき」が、朝のやわらかい光の中を走って来た。［35mm（APS）　4月上旬］

山陰本線と日本海を見渡すところにある道の駅「ゆうひパーク三隅」、この裏にある公園から絶景の撮影ができる。写真の左下の外に一軒家があるので、これを入れないようにアングルをとりたい。道の駅の下にある道からも撮影が可能だ。夏にはエメラルドグリーン、冬には鉛色で荒れた日本海を狙いたい。

木次線

出雲坂根～三井野原 中国山地のローカル線で「奥出雲おろち号」を狙う

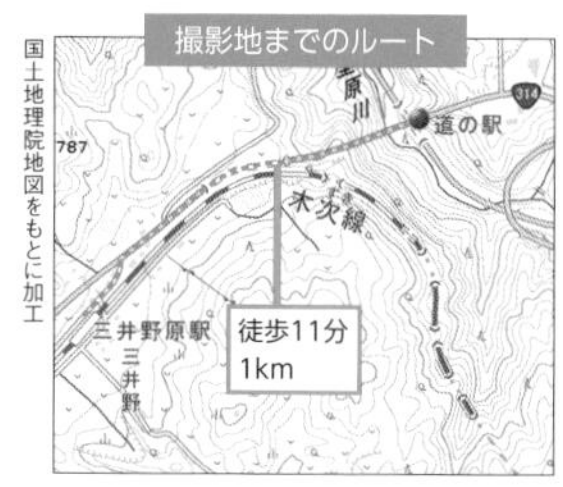

急勾配を登って行くトロッコ列車の奥出雲おろち号、2023年シーズン限りで運転を終了予定だ。［70mm　8月中旬］

ルートはQRもCHECK!

木次(きすき)線は山岳地帯を走る路線で、出雲坂根駅では2回の切り返しをする3段スイッチバックを行い、三井野原駅にかけて山肌を大きく回りながら坂道を登って行く。国道のループ橋のそばにある道の駅「奥出雲おろちループ」近くから見上げると高い山肌に木次線の橋梁が望める。

小野田線

長門本山(ながともとやま)駅付近 単行で走る黄色い電車123系を終着駅で狙う

長門本山駅に停車する始発電車、短い路線だが一度は降りてみたい終着駅だ。［170mm（APS）　4月中旬］

ルートはQRもCHECK!

小野田線から分岐する通称本山支線は2.3kmの短い路線で、海に近い長門本山駅が行き止まりの駅になっている。この駅に停車する姿を線路横の小路から撮影する。この支線は朝2往復、夕方1往復だけの運転なので、現実的には始発で駅に着いて発車までの6分間で停車中と出発シーンを撮影、2本目の列車で帰ることになる。

一畑電車大社線

高浜～遥堪（ようかん）

連なる鳥居と電車、神話のふるさと出雲の風景

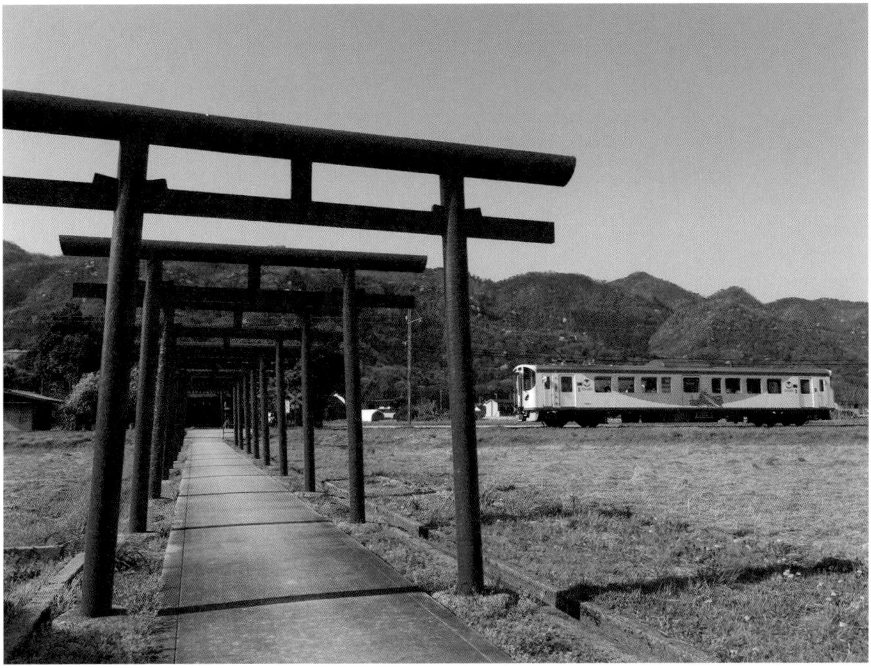

ここを走る電車は1両または2両、鳥居とのバランスを考えてアングルを決めたい。［16㎜（APS）　4月上旬］

山陰の宍道（しんじ）湖湖畔や出雲大社のエリアを走るローカル私鉄が通称“ばたでん”と呼ばれる一畑電車だ。出雲大社駅に向かう大社線の途中には粟津稲生（あわづいなり）神社の参道を電車が横切る場所があり、小さな鳥居が並んでいる。この参道から鳥居と列車を入れて撮影をする。

予讃線

大浦駅付近

ミカン畑から駅と瀬戸内海を俯瞰する

小さな駅に停車する普通列車と通過する特急「しおかぜ」と「いしづち」の併結列車。［35mm（APS）　5月下旬］

瀬戸内海に沿って敷かれている予讃線、今治駅を過ぎると海に近い場所を走って行く。山と海に挟まれた大浦駅をミカン畑のある山から撮影するポイントで、バックには瀬戸内海と島々が見える。撮影地の道からは写真のように山側から、またトンネルの上を越えて海側からも撮影が可能だ。ここを走る列車のうち普通列車は写真右側のホームのある線に停車し、通過する特急列車は上下列車とも左側の路線を走る。

国土地理院地図をもとに加工

予讃線

伊予大洲〜西大洲

肱川（ひじかわ）を見下ろす大洲城と鉄橋の風景

大洲城の周りには桜並木がある。例年見ごろは3月下旬だ。［230㎜（APS）　3月下旬］

建築当時の工法、木造で再建された大洲城は肱川を見下ろす高台に建っている。お城の目の前には肱川橋梁があって合わせて撮影することができる。写真は望遠でお城をアップにしているが、もう少し短いレンズで肱川の流れも入れて撮影することも可能だ。普通列車のほか特急「宇和海」や土日祝を中心に観光列車の「伊予灘ものがたり」も走る。

撮影地までのルート

国土地理院地図をもとに加工

予讃線

下灘駅付近

海の見える駅、下灘駅でローカル列車を待つ

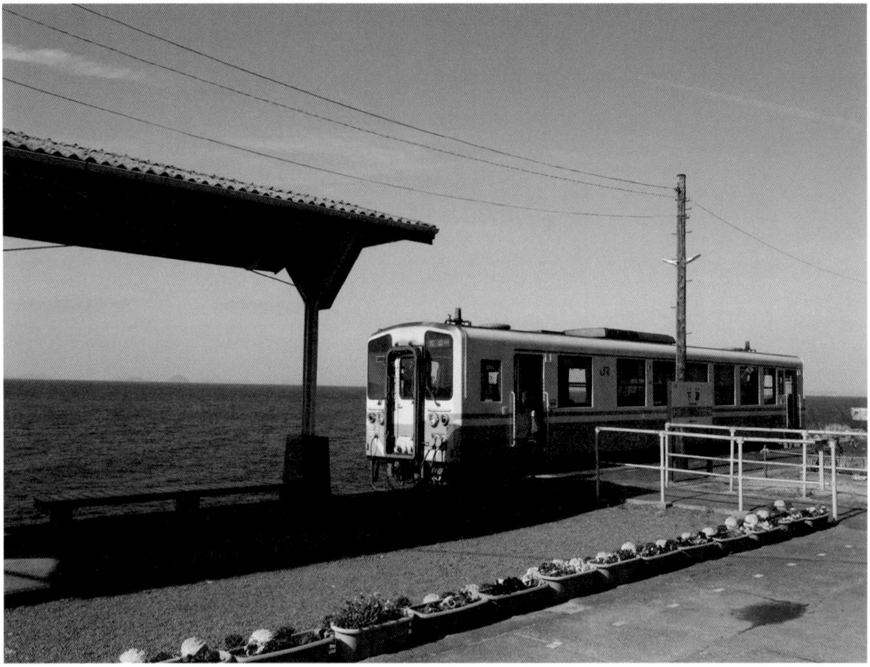

瀬戸内海が広がるホームに単行の普通列車が入って来た。［28㎜　2月下旬］

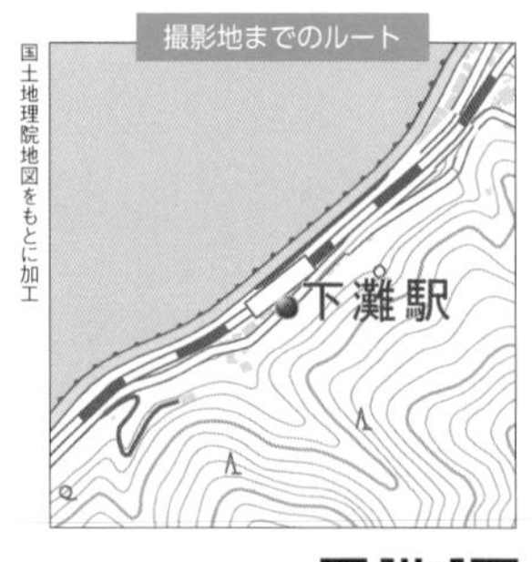

数々の映画やドラマのロケ地として使われ有名になった下灘駅、天気の良い日に降りてみたい駅だ。この駅のホームやベンチ、駅舎など、どの角度から見ても「絵になる」人気スポットだ。列車がいないときにもいろいろなアングルで撮影をしてみたい。夏至の前後にはホームから海に沈む夕日を見ることができるので、こちらもチャレンジしてみたい。

高徳線

川

池谷～勝瑞

いけのたに　しょうずい

穏やかな旧吉野川の鉄橋を渡る四国特急列車

高松駅へと向かう特急「うずしお」、アップの時には手すりが車両にかからないようにアングルを決めたい。［50㎜（APS）4月上旬］

撮影地までのルート

国土地理院地図をもとに加工

徳島駅を出発した列車は平野を走り、吉野川、旧吉野川を渡って香川県との県境の山へ向かって行く。このポイントでは旧吉野川橋梁を渡る列車を撮影する。鉄橋上り側には踏切があって、アップで撮影するときは踏切の近くがポジションで、もう少し鉄橋から離れると列車をサイド気味に撮影できる。風がない日ならば、静かな川面に列車の姿を映す水鏡の写真も撮れる。

鳴門線

池谷〜阿波大谷 分岐駅から歩けるローカル線の春の風景

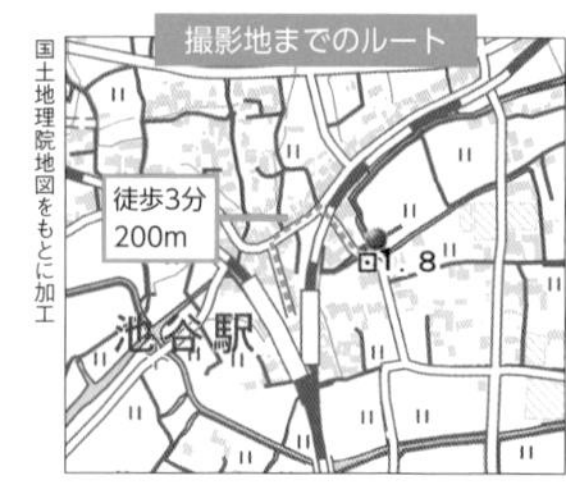

レンゲが咲く里の風景の中、単行のディーゼルカーが走って来た。［24mm（APS） 4月上旬］

高徳線池谷駅で分岐して行き止まりの鳴門駅に向かう鳴門線、池谷駅近くの田んぼは春にはレンゲが咲いている。撮影地は駅裏にある神社の公園付近で、線路手前にまだ小さい桜の木があるので、シャッタータイミングに注意したい。

牟岐線

北河内〜日和佐 23番札所薬王寺の境内から見渡す日和佐の風景

ウミガメの産卵でも有名な日和佐湾と太平洋も望める景勝地だ。［70㎜ 11月中旬］

四国霊場第23番札所の薬王寺、その境内からは薬王寺の門前町として栄えた古い町並みと太平洋へと続く日和佐湾が見える。手前には牟岐線の築堤があって、列車も良いバランスで撮ることができる。もちろん撮影前にはお参りも忘れずに。

徳島線

川

阿波加茂〜辻

吉野川に沿って走る徳島線の列車

冬の木の間から吉野川を望んで走る普通列車、このほか特急「剣山」なども走る。[28mm（APS）　1月中旬]

日本三大暴れ川で四国三郎の異名を持つ吉野川、徳島線はこの川に沿って敷かれている。この撮影地は吉野川をバックに撮影ができ、道路と線路の間が少し離れているために車両を見渡すことができる。川との間の木が、だいぶ伸びてきたので葉のある時期には川が少し見えにくく、また線路近くの草も伸びるので、晩秋から冬の葉がない時期の撮影がおすすめだ。

撮影地までのルート

国土地理院地図をもとに加工

高松琴平電鉄琴平線

高松築港～片原町

高松城址の櫓（やぐら）と、お堀を眺めて走る

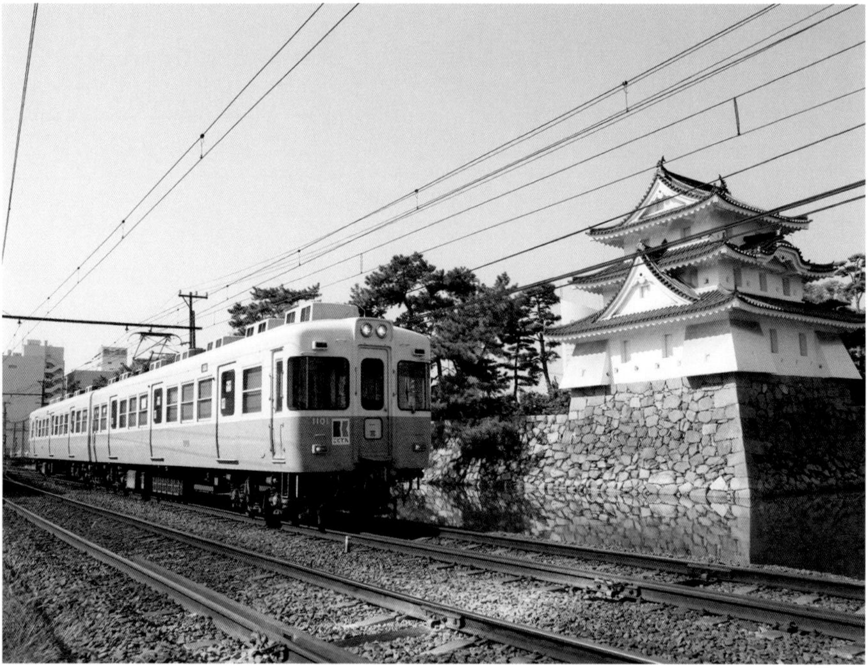

お堀端を走って来た列車は琴平線一宮行き、京王電鉄から来た元5000系の1100形だ。［28㎜　10月中旬］

国土地理院地図をもとに加工

JR高松駅のすぐ近くにあることでんの高松築港駅、駅を出た列車は高松城址のお堀に沿って進む。お堀と線路が分かれるあたりには櫓があるので、お城らしい写真にすることができる。城址にできた玉藻公園観光のついでに撮影してみたい。高松築港駅は琴平線と長尾線の列車が走るために列車本数が多く撮影しやすい。

土讃線

小歩危（こぼけ）~大歩危（おおぼけ） 名勝大歩危小歩危と第二吉野川橋梁

鉄橋を渡る観光列車、「四国まんなか千年ものがたり」。新緑の木の葉を多く配置してみた。[40㎜　5月上旬]

ルートはQRもCHECK!

吉野川がつくった美しい渓谷の大歩危小歩危、奇岩と淵が織りなす絶景に土讃線の第二吉野川橋梁が架かっている。川に沿う国道に広く作られた歩道から安全に撮影できる。鉄橋を望める範囲も広いので、川の入れ方や手前の木の入れ方などお気に入りのアングルで撮影したい。

土讃線

大歩危駅付近 渓谷を見下ろす駅を俯瞰する

単行の普通列車を待たせて、観光列車「四国まんなか千年ものがたり」がやってきた。[50㎜　5月上旬]

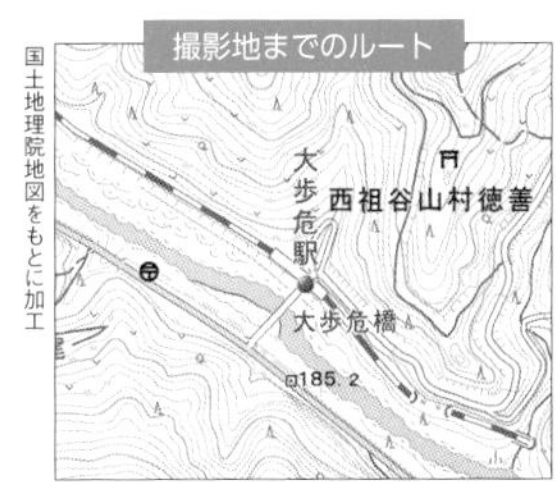

ルートはQRもCHECK!

大歩危峡、祖谷（いや）渓観光の玄関口である大歩危駅、駅のすぐ横には大きな道路橋があって、駅を見下ろすことができる。山あいの駅の雰囲気で、奥には渓谷も望める。春にはホームに沿って桜も咲くので、この時期も美しい駅だ。写真右下に写っているのは、観光地「かずら橋」のミニチュア模型、スナップして帰りたい。

土讃線

安和駅付近

山　海

太平洋を望む小さな駅を俯瞰する

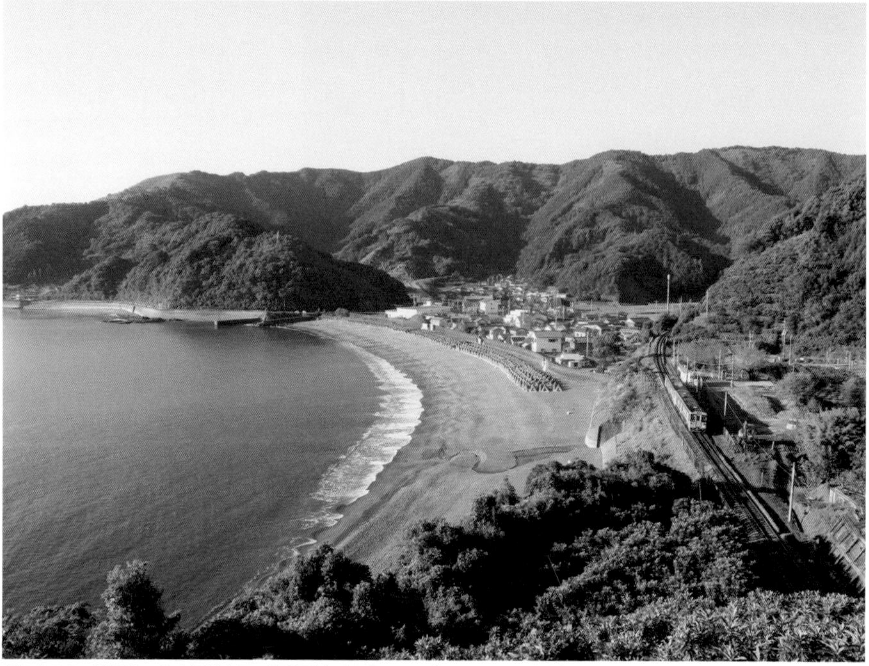

朝の光の中、波穏やかな太平洋を見て普通列車が出発した。［28㎜　10月中旬］

瀬戸内海沿いから四国の山中を越えてきた土讃線は、高知駅から先で太平洋に沿って行く。この土讃線でもっとも海に近い駅が安和駅だ。安和駅から上り方向の山を見るとみかんやびわの畑がある山肌に、道が通っているのが見える。この道が撮影地だ。朝早めの時間の光が良い。また左側の海を大きく入れたいので広角レンズで狙いたい。

土佐くろしお鉄道中村線／予土線

若井～荷稲（かいな）／若井～家地川

田んぼの中の築堤で多彩な列車を狙う

早苗の田んぼに姿を映して土佐くろしお鉄道の普通列車が行く。［24mm（APS）　5月下旬］

窪川駅と川奥信号所の間は土佐くろしお鉄道と予土線の両路線が共用している。そのため土佐くろしお鉄道の普通列車、土讃線から乗り入れてきた特急列車、予土線の普通列車やトロッコ列車などの観光列車が同じ線路を走って来る。築堤を行く多彩な列車を撮影できるのが魅力だ。光線状態は朝が良く、午後からは線路の反対側からも撮影が可能だ。

予土線

山 川 花

土佐大正～土佐昭和

最後の清流四万十川と予土線ローカル列車

国道から見下ろすと四万十川名物の沈下橋と鉄橋をあわせて狙える。［28mm　10月中旬］

春の三島、菜の花と桜が新幹線を模した「鉄道ホビートレイン」を見送る［50mm（APS）　3月下旬］

澄み切った川の流れから最後の清流と称される四万十川、予土線はこの四万十川に沿って敷かれている。このポイントは三島と呼ばれる大きな中洲と四万十川を一気に渡る第4四万十川橋梁を撮影する。国道からは三島に渡る沈下橋と合わせて見下ろしで撮影でき、春の三島に渡ると菜の花や桜の中を行く姿が見られる。このほかにも鉄橋のサイドなどいろいろなアングルで撮れるので探してみたい。

撮影地までのルート

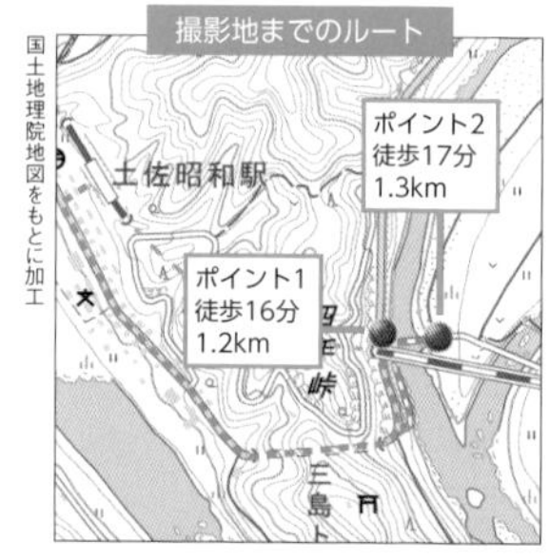

ルートはQRもCHECK!

ポイント1

ポイント2

大手町駅付近

数少ないダイヤモンドクロッシングを走る

タイミングが合えば、市内線の路面電車と高浜線を同時に撮ることもできる。［30㎜（APS）4月上旬］

ダイヤモンドクロッシングのアップ、複雑な形状だ。［24mm（APS）4月上旬］

ダイヤモンドクロッシングと呼ばれる線路と線路の平面交差が国内で現存するのは3か所だけ、そのひとつがこのポイントだ。伊予鉄道高浜線の電車と、路面電車が走る同鉄道の松山市内線が直角に交差している。特に高浜線の電車交差部分を通過する際には、ほかでは聞けない複雑な通過音になるので、ぜひ聞いてみたい。

column 2

偏光フィルター（PLフィルター）を使って印象的な写真を撮る

偏光フィルターは被写体の乱反射した光をカットして、本来の色を強調して撮影できるアクセサリーだ。カメラ用はもちろんコンパクトカメラやスマホ用もあるので、持って歩きたい。青い空に浮かぶ白い雲を強調したり、海の色を美しく見せたり効果は大きいが、場合によっては色が強すぎて不自然な感じになることもある。レンズにセットする前に効果を肉眼で見て、フィルターあり、なしのどちらが好みか選びたい。

偏光フィルターなし、海が反射して光っている

偏光フィルターあり、海の色が締まって見える

紅葉の色も偏光フィルターで印象的な色になる

水鏡を撮るときには使わない。使うと水鏡が薄くなってしまう（偏光フィルターなしで撮影）

第７章

九州編

鹿児島本線

門司港駅付近

かつての九州の玄関口、門司港駅を撮る

行き止まりの線路の奥に門司港駅の駅舎が見える。右側には側線があって出発前の列車が並んでいる。［35mm　10月中旬］

門司港駅舎も撮影しておきたい、特に夕暮れのライトアップは美しい。［24mm　10月中旬］

関門トンネルが1942（昭和17）年に開通するまで、連絡船の発着が行われ九州の玄関口だった門司港駅。駅舎は1914（大正3）年に完成し、現在も当時の駅舎が美しい姿で残り、観光地になっている。駅近くにある小さな公園から見ると、たくさんの線路と行き来する車両、遠くに関門海峡と高速道路の関門橋も見ることができる。噴水広場のある門司港駅の駅舎も撮影しておきたい。

国土地理院地図をもとに加工

鹿児島本線

千早～箱崎 博多駅へと向かう多彩な列車群を撮影する

ルートはQRもCHECK!

青い特急「ソニック」、振り子式の車両でカーブに差し掛かり傾き始めているのが分かる。［100㎜（APS） 3月下旬］

博多湾へそそぐ多々良川の河口付近に鹿児島本線の鉄橋がある。近くにある踏切から撮影すると、鉄橋上の直線からカーブして迫って来る下り列車を撮影することができる。特急列車、貨物列車、普通列車などが次々と走って来る。この撮影地へは地下鉄および西鉄線の貝塚駅が最寄り駅になる。

西鉄貝塚線

貝塚～名島 大正時代に完成した16連アーチのコンクリート橋

ルートはQRもCHECK!

列車側面に日が当たるのが15時ごろから、遅くなると国道の橋の影がかかるので、注意が必要だ。［35mm（APS） 3月下旬］

上記の鹿児島本線の橋梁と並んでいるのが西鉄貝塚線の名島川橋梁、橋が完成したのが年1923（大正12）年という歴史ある橋だ。走る車両も西鉄としては小さい車両でローカル線感がある。鹿児島本線の撮影地と近いので、合わせて撮影したい。

採銅所駅付近

山あいの小さな駅で国鉄型のディーゼルカーを撮る

5月の採銅所駅、山に囲まれた駅に白い花が咲いていた。［35mm（APS） 5月中旬］

春の採銅所駅、駅は桜の花につつまれる。例年花の時期は3月下旬だ。［150mm（APS） 3月下旬］

かつて石炭輸送で賑わった日田彦山線、現在はディーゼルカーの普通列車が走るローカル線だ。走る列車も国鉄時代に作られた車両で、山あいの駅と良く似合う。駅周辺には桜並木もあり、季節季節で里山の雰囲気を見せてくれる。駅舎は1915（大正4）年に建てられたものを近年リニューアルした歴史的な建物なので、こちらも撮影しておきたい。

撮影地までのルート

平成筑豊鉄道田川線

崎山〜源じいの森 山間の鉄橋を行く第3セクター鉄道の列車

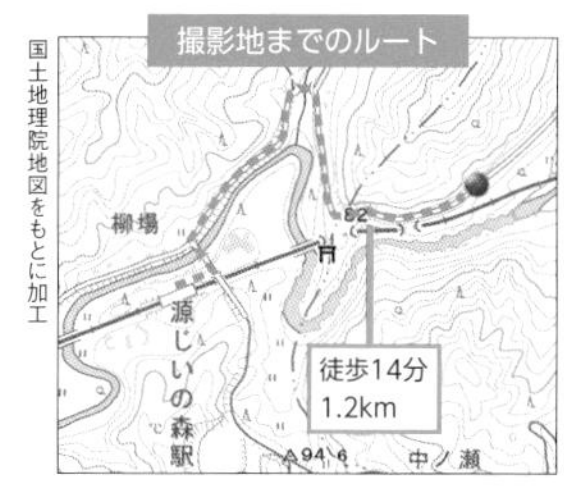

ルートはQRもCHECK!

新緑の山に現れた列車は車内で食事が楽しめる、「ことこと列車」だ。[120㎜(APS) 5月上旬]

筑豊の炭鉱を結ぶ国鉄・JR伊田線、糸田線、田川線を転換した第3セクター鉄道の平成筑豊鉄道は、全体としては田畑の広がる地域を走っている。この源じいの森駅近くでは山越えの区間もあり、山中の鉄橋を俯瞰するのがこの撮影地だ。かつて長い石炭列車が走っていた峠を、1〜2両のディーゼルカーが登って来る。

後藤寺線

船尾〜田川後藤寺 セメント工場の中を行くローカル列車

ルートはQRもCHECK!

船尾駅を後にして田川後藤寺駅に向かう単行のディーゼルカー。[180㎜ 5月上旬]

後藤寺線船尾駅付近は現在でもセメント工場に囲まれている。かつてセメントの積み出しで賑わっていた駅構内はトラック輸送に切り替えられて、現在は普通列車だけが走るローカル線になっている。駅近くで撮影をするとバックに工場施設が大きく見えて、筑豊地方らしい写真になる。

西鉄天神大牟田線

西鉄中島～江の浦

有明海への河口近く矢部川を渡る西鉄電車

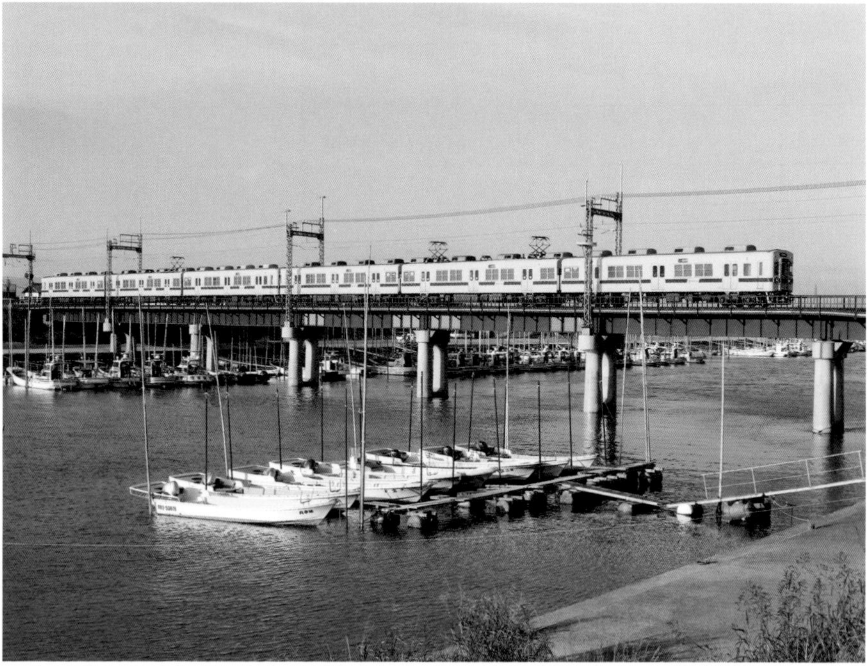

有明海から帰って来た漁船が並ぶ河口の鉄橋を行く西鉄5000系電車。［30㎜（APS）　3月中旬］

撮影地までのルート

国土地理院地図をもとに加工

天神～西鉄大牟田間を結ぶ西鉄天神大牟田線は、終点が近づくと有明海に近いエリアを走る。このポイントでは矢部川の有明海河口付近に架かった鉄橋を撮影する。川の両岸には漁船の船着き場があって、小型の船舶が並んでいる。観光列車「水都」やピザ窯のあるレストラン列車「THE RAIL KICHEN CHIKUGO」（運転日注意）も走っている。

筑豊本線

街

折尾〜本城　BEC819系「DENCHA（でんちゃ）」が走る通称“若松線”

白いボディーの「DENCHA」。非電化区間では畳まれている屋根上のパンタグラフにも注目。［28㎜（APS）10月下旬］

筑豊本線の折尾駅〜若松駅間、通称“若松線”は電化されていない路線だが、ここには特殊な電車であるBEC819系「DENCHA」が走っている。電化区間や駅停車中にパンタグラフから電気の供給を受けて蓄電池に充電し、非電化区間では蓄電池の電力で走行する仕組みだ。線路を見下ろせる撮影地からは、若松線と北九州郊外の街並みを絡められる。

筑豊電鉄

川　花

感田（がんだ）〜筑豊直方（ちくほうのおがた）　連接電車が走る北九州の地方鉄道

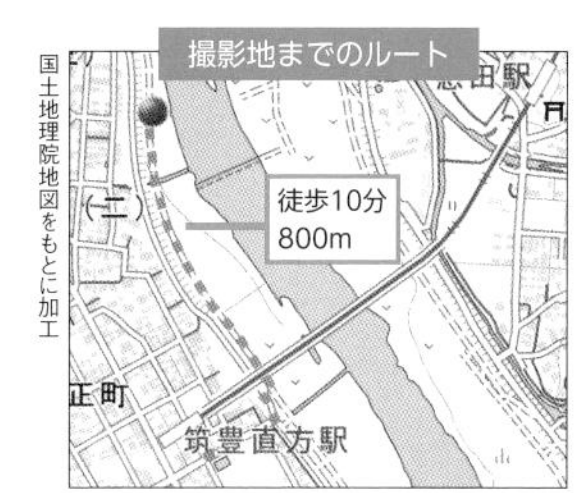

菜の花に囲まれた大きな鉄橋に小さな電車が走る。［40㎜（APS）3月中旬］

筑豊電鉄を走る電車は2両、3両連結の連接タイプの電車だ。まるで路面電車のような車両だが、路面区間はなく、全線が専用軌道を走る。終点の筑豊直方駅近くには遠賀川（おんががわ）を渡る長い鉄橋がある。遠賀川の河川敷が撮影ポイント。春には菜の花も咲いて美しい風景になる。

松浦鉄道

鷹島口〜前浜 松浦鉄道で海をバックに撮影できる貴重な撮影ポイント

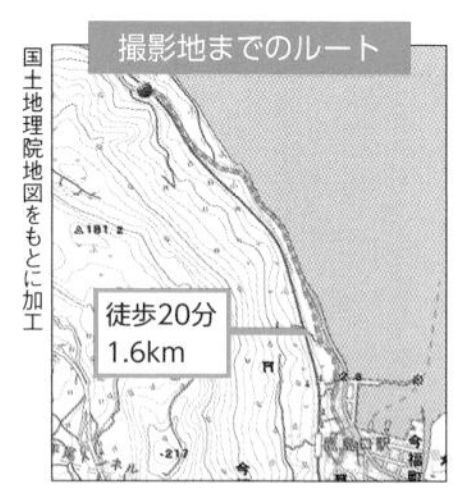

国土地理院地図をもとに加工

ルートはQRもCHECK!

青い伊万里湾と島を見渡してディーゼルカーが走る。［20mm（APS） 3月中旬］

松浦半島の海岸線をぐるっと走る松浦鉄道の列車、海の近くを走り車窓に海が見え隠れするのだが、意外と海バックで撮影できる場所は少ない。そんな中でこのポイントは貴重な海バックのポイントだ。国道205号線が線路をオーバークロスする付近から撮影する。

松浦鉄道

浦ノ崎駅付近 桜に囲まれた浦ノ崎駅、カーブした小さなホームを撮る

国土地理院地図をもとに加工

ルートはQRもCHECK!

桜の季節には、たくさんの観光客も訪れる春の駅だ。［150mm（APS）3月下旬］

松浦鉄道の前身、国鉄松浦線が開業した1930（昭和5）年に植えられた桜並木で、春には約90本が見事に咲きそろい桜祭りも開催される。ホームがカーブしているので、アングルを選べば写真全体が桜になるように撮ることもできる。撮影の際は列車に近づかないように気を付けてほしい。

長崎本線

肥前飯田駅付近 有明海を眺めて走るディーゼルカーの風景

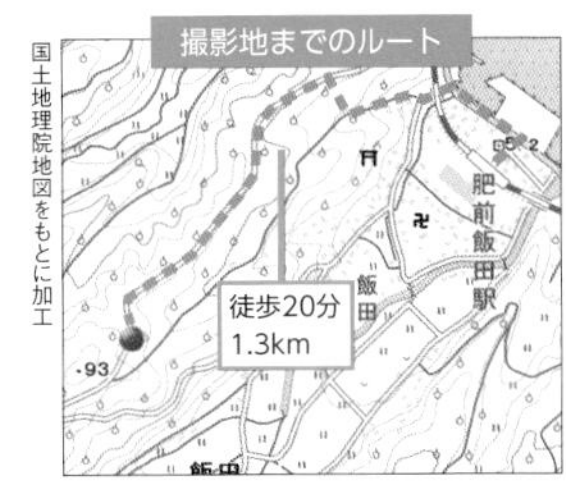

肥前飯田駅付近を走る観光列車「ふたつ星4047」、海に並んだ竿はのりの養殖だ。［300㎜　10月中旬］

ルートはQRもCHECK!

この区間の列車は2022（令和4）年に西九州新幹線開業にあわせて、電車列車からディーゼルカーに変わった。このポイントからは肥前飯田駅を発着する列車を有明海バックで撮影することができる。この写真は有明海が満潮時の撮影、干潮時には干潟が広がる姿になる。

佐世保線

上有田～有田 焼き物の里・有田、陶山（すえやま）神社参道の石段を横切る列車

夏の日に、石段の上の踏切を特急「みどり」が走って来た。［28㎜　8月上旬］

ルートはQRもCHECK!

有田焼で全国に名前が知られる有田、町並みを見下ろす場所に陶山神社がある。磁器製の鳥居などもある焼き物の里の神社だ。この神社の山道は急勾配の石段で、石段の上に踏切がある。お参りの人が待つ中、列車が駆け抜けて行く姿を見られる。

大村線

千綿駅付近

波穏やかな大村湾を見渡す千綿駅

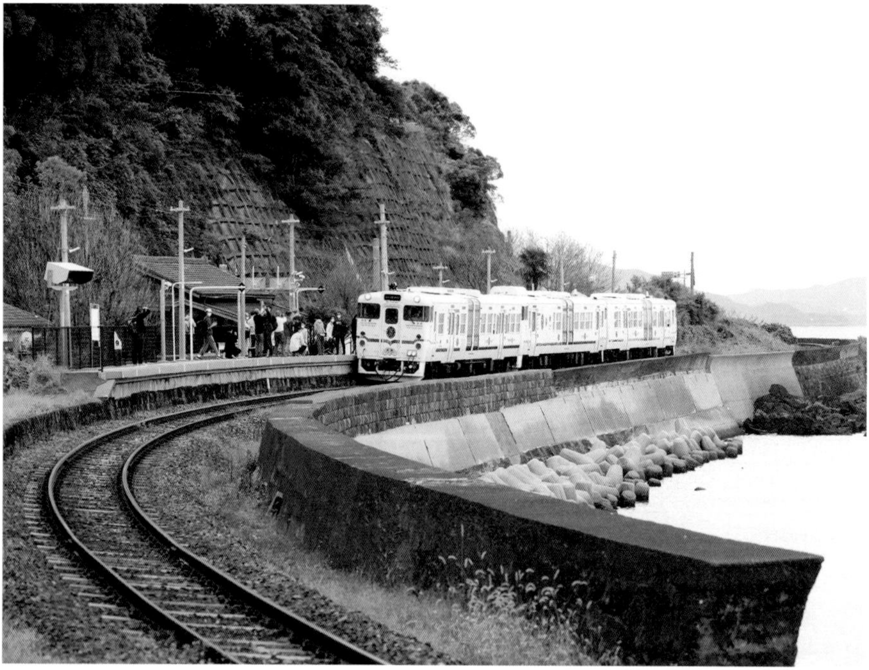

千綿駅に入線してきた観光列車の「ふたつ星4047」を、たくさんの観光客が出迎える。［130㎜　10月中旬］

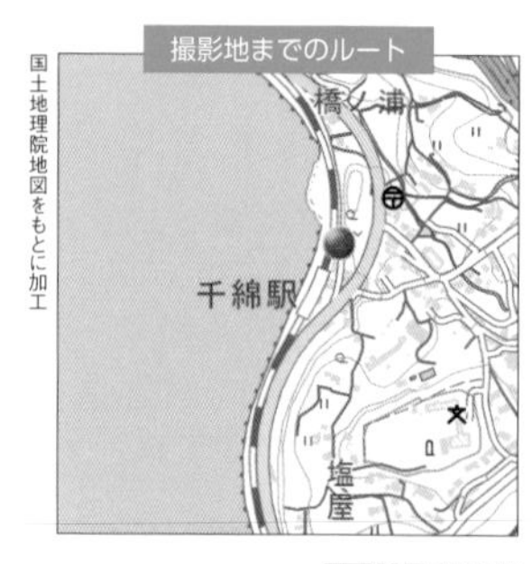

大村湾の東岸を走る大村線、その中でも海のすぐ近くにあるのが千綿駅だ。石造りの防波堤のすぐ横に線路があり、ホームからも湾を一望できるので一度は降りてみたい駅だ。駅近くの道路からは海を入れて駅のホームを撮ることができる。

西九州新幹線

嬉野温泉～新大村　遠く大村湾を見て、真っ白な新幹線かもめが走る

N700Sの新幹線「かもめ」が高架線の上を駆け抜けて行く。［50mm　10月中旬］

2022年に開業した西九州新幹線を線路より高い位置から撮影する。大村線の松原駅を降りると山側に新幹線の高架が見えてくる。この高架の上り側にあるトンネル付近がポイントだ。法面の上での撮影のために足元には注意したい。朝早めの時間帯の光線状態が良い。

熊本電気鉄道藤崎線

藤崎宮前～黒髪町　住宅地の併用軌道を行く通勤電車

併用区間に元都営地下鉄三田線の車両が顔を出した。写真の線路の砂利部分は、現在赤色に塗られている。［200mm（APS）　5月上旬］

熊本郊外を走る熊本電鉄、一部区間で道路の一部に敷かれた線路を走る併用軌道区間がある。この路線が面白いのは、住宅地の2車線程度の幅の道の片側に線路があるため、家の玄関の目の前を通るシーンが見られること。もちろん柵もないので、十分離れて撮影したい。

久大本線

山 川

恵良～引治

山あいの赤い鉄橋を行く特急列車を撮影する

鉄橋の正面から撮影、3両編成の特急「ゆふ」が、長さ的にちょうどよく収まる。[200㎜（APS） 8月上旬]

河原に降りると鉄橋のサイドが見える。観光特急の「ゆふいんの森」が走って来た。[28㎜（APS） 5月上旬]

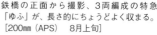

由布院温泉や湯平温泉などの観光地を結んでいる久大本線、ほとんどの区間が山あいの風景を見ながら走る路線だ。引治駅近くには山に囲まれカーブした鉄橋がある。鉄橋の橋詰にある道路からは鉄橋を行く列車の正面が、鉄橋をくぐって川に沿って歩けば鉄橋のサイドを風景的に撮影することができる。どちらも午前中早めの光が良い。

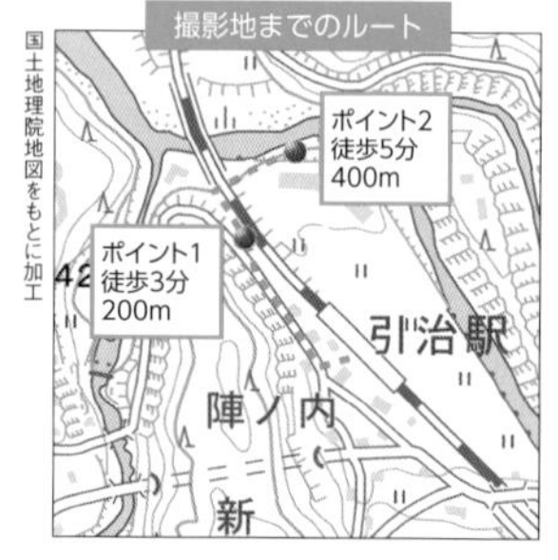

久大本線

由布院〜南由布 豊後富士をバックに由布院盆地を走る

ルートはQRもCHECK!

線路沿いに広がる田んぼには、春には菜の花が咲くこともある。[24mm（APS） 3月下旬]

温泉の観光地として有名な由布院、そのシンボルとなっている山が豊後富士とも呼ばれる由布岳だ。由布院駅を発車した下り列車は大きくカーブしながら田んぼの中を走って行く。広々とした由布院盆地で、線路近くの高い位置からも雄大な風景が撮影できる。

豊肥本線

立野〜赤水 スイッチバックで阿蘇外輪山を登る豊肥本線

ルートはQRもCHECK!

坂道を登って来る単行の普通列車、左下の山が切れているあたりから列車が走って来る。[35mm 5月上旬]

立野駅はスイッチバックの駅で、熊本方面から来た列車は駅で折り返し、更に1回折り返しをして高度をとり阿蘇外輪山の中へと進んでゆく。スイッチバックを終えて大きなカーブで坂を登るシーンを撮影するポイント。朝早めの時間が順光になる。

肥薩おれんじ鉄道

薩摩大川～西方 東シナ海の天草灘を見て走る第3セクター鉄道

ルートはQRも CHECK!

普通列車のほか、レストラン列車の「おれんじ食堂」（運転日注意）も走る。［50mm（APS）

肥薩おれんじ鉄道は九州の西側、八代海や東シナ海の天草灘に沿って敷かれている。このポイントは線路に沿った道が線路から離れて視界がきく場所で、国鉄、JR時代からの名撮影地だ。道路を移動すれば、上り列車、下り列車とも撮影することができる。

日豊本線

杵築～大神 大築堤と大鉄橋で撮る空の風景

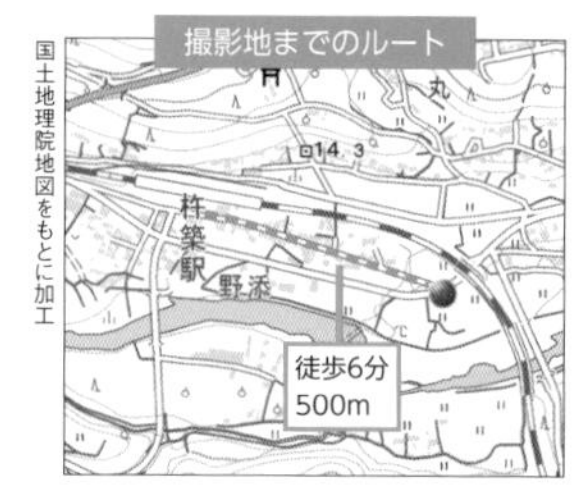

ルートはQRも CHECK!

築堤を行く白い特急「ソニック」、春には菜の花が咲くこともある［24mm（APS） 3月下旬］

現在でも数多くの特急列車が走る日豊本線、杵築駅付近には大きな築堤と、それに続くカーブした鉄橋があって有名撮影地として知られている。サイド気味に築堤を狙ったり、鉄橋の近くから見上げたりなどアングルを選べる。いずれのアングルも空が抜けていて、季節ごとの空を強調した写真が狙える。

日豊本線

川

宮崎〜南宮崎 プレートガーダー19連、長大な大淀川橋梁を撮る

大淀川橋梁を走る特急「にちりん」、対岸にはホテルなどのビルが多いので、撮影する高さを低めにして目立たなくしたい。［35mm（APS） 3月下旬］

宮崎の市街地を流れる大淀川、日豊本線が渡るあたりは河口も近くて川幅が広い。長さも400mを越えていてきれいなプレートガーダーが19連も続く長大な鉄橋だ。この橋梁は架線を支える柱と作業用の手すりが両方とも海側にあるので、午後に山側から撮影するとすっきりとした写真になる。

日豊本線

山 川 海

重富〜姶良（あいら） 夕方が満潮の日に撮る、桜島と錦江（きんこう）湾の絶景

満潮の日、海の上を行くような風景を行く特急「きりしま」。［28mm 10月中旬］

ルートはQRもCHECK!

姶良駅近くの思川河口にかかる鉄橋は、バックに桜島と錦江湾と呼ばれる鹿児島湾を入れて撮影することができる。このポイントが少し難しいのが海に近いために干潮時は細い流れと川底が見えてしまうこと。また陽の当たる時間が夕方のために、夕方に満潮になる日を選んで撮影したい。

日南線

海

大堂津（おおどうつ）～南郷

南国宮崎、青い海、青い空、青い鉄橋の風景

白い雲が浮かぶ中、黄色に塗られた普通列車が走って来た。［16㎜（APS）　3月下旬］

駅前に海水浴場が広がる大堂津駅、この駅の近くに日向灘（ひゅうがなだ）を見渡す鉄橋が架かっている。鉄橋の色は青色で、海や空の風景に良く似合う。この路線は白いディーゼルカー（一部車両は黄色）のほか、観光特急「海幸山幸」（運転日注意）も走る。

日南線

内之田～飫肥（おび） 山あいの鉄橋を渡る日南線の列車

ルートはQRもCHECK!

車内にも飫肥名産の飫肥杉をふんだんに使った観光特急「海幸山幸」が走って来た。［70㎜　12月下旬］

海のイメージが強い日南線だが、山あいや川沿いを走る区間も多く、いろいろな風景を撮影できる路線だ。飫肥駅も内陸部にあり、駅に近い橋梁でも山あいの雰囲気で撮影することができる。酒谷川の土手が撮影ポイントだ。

吉都線

鶴丸～京町温泉 県境の高原地帯を走るローカル列車

ルートはQRもCHECK!

京町温泉駅を出て田園地帯を走る単行のディーゼルカー、終点吉松駅はもうすぐだ。［100㎜　5月上旬］

吉都（きっと）線は主に宮崎県の高地を走る路線で、霧島岳など山の近くを走る。このポイントは宮崎県と鹿児島県の県境あたり、田んぼが広がる風景を撮影するポイントだ。町から近いが線路の手前はきれいな田んぼになっているため、すっきりとした列車を見ることができる。

指宿枕崎線

海

瀬々串〜平川 錦江湾の青い海をバックに走る南国の列車

ルートはQRもCHECK!

青い海を見渡して、白いディーゼルカーが走って来た。［350mm（APS）5月上旬］

錦江湾の海面をいっぱいに入れて撮影できるポイント。線路が並走する国道より一段高くなっているので車が邪魔になりにくい。国道から分かれた小路を線路方向に進み、線路を跨ぐ細い橋の上が撮影ポイント。長い望遠レンズが必要だが、縦位置にすると少し短めの望遠でもきれいに撮れる。

指宿枕崎線

山

大山〜西大山 JR最南端のエリアで開聞岳をバックに撮影する

ルートはQRもCHECK!

見事な円錐形の開聞岳、その姿から薩摩富士とも呼ばれている。［60mm　5月上旬］

JR最南端の駅として知られる西大山駅、駅は観光地となってマイカーの人が多く訪れる。このポイントは道路のオーバークロスから線路を見下ろして撮影する。バックには開聞岳が大きく入り雄大な風景になる。指宿枕崎線は列車本数が少ないので、撮影するときには十分計画をして臨みたい。

本文デザイン／田中麻里（フェルマータ）
カバーデザイン／天池 聖（drnco.）
編集／北村 光（「旅と鉄道」編集部）
編集協力／森谷貴明
校正／木村嘉男
地図出典／国土地理院ウェブサイト（https://maps.gsi.go.jp/）
※地図は国土地理院地図をもとに加工して作成しています。
※QR コードは (株) デンソーウェーブの登録商標です。

旅鉄 GUIDE 004

駅近鉄道撮影地ガイド

2023 年 5 月 27 日　初版第 1 刷発行

著　者　佐々倉 実
発行人　勝峰富雄
発　行　株式会社天夢人
〒 101-0051　東京都千代田区神田神保町 1-105
https://www.temjin-g.co.jp/
発　売　株式会社山と溪谷社
〒 101-0051　東京都千代田区神田神保町 1-105
印刷・製本　大日本印刷株式会社

●内容に関するお問合せ先
「旅と鉄道」編集部　info@temjin-g.co.jp　電話 03-6837-4680
●乱丁・落丁のお問合せ先
山と溪谷社カスタマーセンター　service@yamakei.co.jp
●書店・取次様からのご注文先
山と溪谷社受注センター　電話 048-458-3455　FAX048-421-0513
●書店・取次様からのご注文以外のお問合せ先
eigyo@yamakei.co.jp

・定価はカバーに表示してあります。

Printed in Japan
ISBN 978-4-635-82482-8